学びが
グーンと充実する！

小学校音楽

授業プラン
＆
ワークシート

低学年

津田　正之
酒井　美恵子　編著

コピーして
そのまま
使える！

新学習
指導要領
対応！

明治図書

は じ め に

本書を開いてくださいました皆様，ありがとうございます。

本書は，平成29（2017）年に告示された小学校学習指導要領音楽の目指す資質・能力を子供たちが身に付けることに役立つよう作成しました。構成と活用のポイントを紹介します。

■「新学習指導要領（平成29年告示）を実現する授業づくりのポイント」

新学習指導要領に基づいて授業をつくる際の留意点を分かりやすく説明しました。ここを読んでから，小学校学習指導要領解説音楽編をお読みになると，理解が深まると思います。

■ 具体的なワークシートを紹介するページ

左ページに身に付く資質・能力と，ワークシートの活用方法を示し，そして右ページにワークシートを載せました。なお， ワークシートで身に付く主な力 は，「知識」【知】，「技能」【技】，「思考力，判断力，表現力等」【思判表】 を示しています。併せて「A表現(1) 歌唱 ア，イ，ウ(イ)，〔共通事項〕(1)ア」「旋律，呼びかけとこたえ」のように，対応する 学習指導要領 の事項と，思考・判断のよりどころとなる主な音楽を形づくっている 要素 を示しました。□は本ワークに対応する力です。「学びに向かう力，人間性等」については特に記していませんが，児童が学習内容に興味・関心をもち，主体的・協働的に粘り強く学習活動に取り組もうとする態度を育てることは，いずれの学習でも重要です。

■ コラムのページ

新学習指導要領の理解や，音楽科における領域・分野の理解が深まるよう，各巻５つのコラムを載せました。授業改善に役立たせていただけたら嬉しく思います。

■ まとめ（音楽の時間の振り返り）

各学年末に，児童が音楽の授業を振り返るページです。どのように振り返るかを捉えることは，授業者が自身の授業を振り返ることにつながります。ご活用ください。

■ まとめ（音楽遊び）

読譜や記譜に慣れてほしいとの願いから作成したページです。児童が楽譜と仲良くなれるよう，児童全員が正答できるようにお使いいただければ幸いです。

なお，まとめのページでは*斜字*が出てきます。ホワイトで消して，必要な事柄を使用する先生方に書き込んでいただけるようになっています。

最後に，素晴らしい授業プランやコラムを書いてくださいました執筆者の皆様と，迅速に美しく分かりやすく編集してくださった木村悠さんに心から御礼申し上げます。

2020年４月

津田　正之

酒井美惠子

もくじ

音楽づくり

鑑賞

童謡／わらべうた／英語のうた

ま と め

新学習指導要領（平成29年告示）を実現する授業づくりの ポイント

「音楽の授業でどんなことを学んだの？」

児童に聞いてみると，次のような声が返ってきました。

「歌を歌った。ふじさん」「リコーダーやった（吹いた）」「音楽を聴いた」……

これらは表現及び鑑賞の活動です。児童にとって，歌う，演奏する，音楽を聴くことが，学んだことの中で大きな位置を占めているからでしょう。でも，学んだことの自覚が，活動や曲の名前に留まっているのは好ましいことではありません。音楽の学びを充実させるためには，音楽活動を通して「児童が何を身に付けるのか」という視点が重要です。学校教育において身に付ける力は，「資質・能力」と言われています。

新学習指導要領改訂のキーワードの１つが「資質・能力の明確化」です。この点は，音楽科の授業づくりの大切なポイントになります。

1 音楽科で育成する資質・能力

教科の目標の冒頭には，音楽科で育成する資質・能力が次のように示されました。

「生活や社会の中の音や音楽と豊かに関わる資質・能力」

児童の生活や，生活を営む社会の中には，様々な音や音楽が存在しています。生活や社会の中の音や音楽と豊かに関わる資質・能力を育成し，児童が自ら生活や社会の中の音や音楽との関わりを築き，生活を豊かにしていくことが，音楽科の果たすべき大切な役割の一つになります。

では，「生活や社会の中の音や音楽と豊かに関わる資質・能力」とは何を指すのでしょう。それは，**教科の目標(1)(2)(3)**に示されています。

---

(1) 曲想と音楽の構造などとの関わりについて理解するとともに，表したい音楽表現をするために必要な技能を身に付けるようにする。 ―〔知識及び技能〕

(2) 音楽表現を工夫することや，音楽を味わって聴くことができるようにする。
　　　　　　　　　　　　　　　　　　　　　　　―〔思考力，判断力，表現力等〕

(3) 音楽活動の楽しさを体験することを通して，音楽を愛好する心情と音楽に対する感性を育むとともに，音楽に親しむ態度を養い，豊かな情操を培う。―〔学びに向う力，人間性等〕

※―〔 〕筆者補筆

―〔 〕の部分に着目してください。教科の目標には，育成する資質・能力が，(1)〔知識及び技能〕，(2)〔思考力，判断力，表現力等〕，(3)〔学びに向う力，人間性等〕の三つの柱に沿って示されています。学年の目標も同様です。一方，内容は，A表現（(1)歌唱，(2)器楽，(3)音楽

づくりの各分野），Ｂ鑑賞，〔共通事項〕の枠組みにおいて，ア〔思考力，判断力，表現力等〕，イ〔知識〕，ウ〔技能〕の資質・能力別に示されています（内容一覧は p.12 を参照）。

　では，それぞれどのような資質・能力なのか，目標や内容に照らしながらお話します。

①　知識の習得──関わりの理解

　学生に「音楽科で育成する知識ってなんだろう」と聞くと，次のような答えが返ってきます。「音符，休符，記号の名前」「作曲家の名前」「曲の名前や背景」「楽器の名前」……。

　これらはもちろん音楽の知識であり必要なものですが，音楽科で育成する知識とは，単に事柄を知ることだけではありません。児童一人ひとりが，学習の過程において，音楽に対する感性を働かせて感じ取り理解するものです。

　「Ａ表現」及び「Ｂ鑑賞」では，全ての活動において「**曲想と音楽の構造などとの関わり**」について気付いたり理解したりすることに関する具体的な内容が，事項イに示されています。「など」には，歌詞の内容も含まれます。例えば，歌唱分野における知識に関する資質・能力とは，「**曲想**と**音楽の構造**との関わり」「**曲想**と**歌詞の内容**との関わり」の理解です。

　具体的にはどのようなことでしょう。６年生の共通教材「ふるさと」で考えてみましょう。

- 落ち着いた感じがする。それは，1，2，4段目が同じリズムで，1，2段目は旋律の動きがなめらかだからね。
- 3段目は動きのある感じ。それはリズムが変わり音の上がり下がりが大きいから。
- 4段目の最初は高い音が続いているから，力強い感じがする。
- 心にしみる感じがするのは，歌詞にふるさとを懐かしむ気持ちが込められているから。
- 1，2，3番と段々とも盛り上がっている感じがするのは，歌詞が「過去」（1番）－「現在」（2番）－「未来」（3番）となっているからだね。

　このような関わりに，児童が自ら気付いたり理解したりすることを求めているのです。

　鑑賞では「曲想」を「曲想及びその変化」（第3学年〜6学年）と，丁寧に示しています。曲の雰囲気や表情は曲の流れの中で変化することを，児童が自ら感じ取ることを重視しています。

②　技能の習得──思考力，判断力，表現力等の育成と関連を図ること

　音楽科における「技能」とは，歌を歌う，楽器を演奏する，音楽をつくるといった音楽表現の技能です。「Ａ表現」の「技能」については，表したい（思いや意図に合った）音楽表現をするために必要となる具体的な内容が，歌唱，器楽，音楽づくりの事項ウに示されています。技能の習得においては，「弾んだ感じとなめらかな感じのよさが伝わるように，吹き方を工夫してリコーダーを演奏したい」のように，児童が表したい思いや意図をもち，それを実現する

ために，タンギングやポルタートなど音色や響きに気を付けて演奏する技能を習得することの必要性を実感できるようにすることが求められます。

③　思考力，判断力，表現力等の育成——知識や技能を得たり生かしたりして

「Ａ表現」領域では，どのように歌うか，どのように演奏するか，どのように音楽をつくるかについて思いや意図をもつこと，「Ｂ鑑賞」領域では，曲や演奏のよさなどを見いだし，曲全体を味わって聴くことに関する具体的な内容が，事項アに示されています。

事項のアの冒頭部分には，「知識や技能を得たり生かしたりして（鑑賞の知識のみ）」と示されています。すなわち，学習の過程において，知識や技能の習得及び活用と関わらせながら，一体的に育成することが重要であることが強調されています。

表現領域における思いや意図とは，音楽表現に対する自分の考えです。思いや意図をもつとはどのようなことでしょう。４年生の共通教材「とんび」について例示してみましょう。

> ・「とんび」がゆったりと大空をとんでいる様子が伝わるように，<u>１，２，４段目は，旋律が上がっているところはクレシェンド，下がっているところはデクレシェンドで，２小節のフレーズをなめらかに歌おう。</u>
> ・３段目は，二羽の「とんび」が呼びかけ合いながら遠ざかっている感じが伝わるように，強く，やや弱く，やや強く，弱く，歌おう。

表現の方向性が「思い」，そのための具体的な方法が「意図」といったニュアンスです。こうしてみると，「思い」と「意図」は両方とも大切になります。また，このような思いや意図は，知識（曲の特徴についての気付きや理解）や技能（自然で無理のない歌い方等）を習得したり活用したりする学習と往還しながら，深められるものです。

一方，鑑賞領域における曲や演奏のよさなどを見いだし，曲全体を味わって聴くとは，どのようなことでしょうか。下記は，４年生の「ノルウェー舞曲第２番」（グリーグ作曲）の鑑賞の授業で，Ａ児が曲のよさを書いたワークシートの記述です。

> この曲の一番おもしろいところは，まん中でたくさんの楽器が大きな音ではげしい感じでえんそうし，急に止まって，さいしょにもどるところです。

Ａ児の記述をみると，「まん中で」「さいしょにもどるところ」などから曲全体の音楽的な特徴を見通して，自分なりに曲のよさを述べていることが読み取れます。Ａ児は，鑑賞中も，じっくり集中して音楽を聴いている姿がみられました。知識を得たり生かしたりしながら，曲のよさを見いだし，曲全体を味わって聴く資質・能力が育っている状況を見取ることができます。

このような学習を支えるのが〔共通事項〕(1)の事項アの学習です。アでは，題材において思考・判断のよりどころとなる音楽を形づくっている要素について，聴き取ったことと感じ取ったこととの関わりについて考えることが示されています。このような学習が，曲想と音楽の構造などとの関わりについて理解したり，音楽表現に対する思いや意図をもったり，曲や演奏のよさなどを見いだし，曲全体を味わって聴いたりする学習を意味あるものにします。

④ 「学びに向う力，人間性等」の涵養——主体的，協働的に学習に取り組むこと

教科及び学年の目標(3)に示された資質・能力です。もっとも教科の目標にある「感性」や「豊かな情操」は，題材の目標にはなじみません。各題材レベルでは，学年の目標を意識するとよいでしょう。例えば，第5学年及び第6学年の目標(3)は，「主体的に音楽に関わり，協働して音楽活動をする楽しさを味わいながら，様々な音楽に親しむとともに，音楽経験を生かして生活を明るく潤いのあるものにしようとする態度を養う」と示されています。

題材で扱う音楽の特徴などに興味・関心をもち，音楽活動を楽しみながら主体的・協働的に粘り強く学習に取り組もうとする資質・能力，音楽の授業での学びを生活に生かそうとする資質・能力の涵養などが大切となります。

なお，資質・能力の評価については，p.94のコラム「音楽科の学習評価」をご参照ください。

2 音楽科の授業（題材）の構成

次に，資質・能力を育成する音楽の授業をどのようにつくるか，について説明しましょう。

一連の授業をつくる実質的な単位が「題材」です。各題材を構成する単位が，歌唱，器楽，音楽づくり，鑑賞の活動です。下記は，活動ごとに各題材に盛り込むべき内容です。

まずそれぞれの領域・分野において，ア（思考力，判断力，表現力等），イ（知識），ウ（技能）の内容を相互に関わらせながら全て扱う（(ア)(イ)(ウ)については1つ以上）とともに，〔共通事項〕アとの関連を十分に図った題材を構成することが必要です。

> ○歌　　　唱：ア，イ，ウ＋〔共通事項〕ア
> ○器　　　楽：ア，イ，ウ＋〔共通事項〕ア
> ○音楽づくり：ア，イ，ウ＋〔共通事項〕ア
> ○鑑　　　賞：ア，イ　　＋〔共通事項〕ア

〔共通事項〕との関連では，思考・判断のよりどころとなる，音色，リズム，速度，呼びかけとこたえなど，主な音楽を形づくっている要素を明確にしておくことが必要です。なお，音楽づくりは「音遊びや即興的に表現する」活動（ア(イ)，イ(イ)，ウ(イ)），「音を音楽へと構成する」活動（ア(イ)，イ(イ)，ウ(イ)）の2つの活動からなります。2つの活動は両方とも大切ですが，どちらに重点を置いて題材を構成するのかについて，明らかにしておくことが必要です。

各活動を題材構成の単位とした上で，適宜，「歌唱−器楽」，「音楽づくり−鑑賞」のように，各領域や分野の関連を図った題材構成を工夫することも大切です。

3 「主体的・対話的で深い学び」で何を実現するのか

　「主体的・対話的で深い学び」とは，これまで成果を上げてきた優れた授業実践に見られる普遍的な視点であり，新学習指導要領における授業改善のキーワードです。これらは目的ではなく，**資質・能力の育成が偏りなく実現できるようにするための「授業改善の視点」**です。

　では，それぞれの視点から，どのように授業改善を図ることが大切なのでしょうか。

　「主体的な学び」で大切なのは，児童が，**学習の見通しをもったり，学習したことを振り返り，学んだことや自分の変容を自覚したり**できるようにして，次の学びにつなげることができるようにすることです。

　「対話的な学び」で大切なのは，児童が，他者との対話によって自分の考えなどを広げたり深めたりすることができるようにすることです。音楽科における対話は，音や音楽，言葉によるコミュニケーションです。言語だけではなく，**音や音楽と一体的に対話をすることに，音楽の学びのよさがあります。**また，ここでいう「他者との対話」とは，友達同士の対話だけでなく教師との対話，地域の方との対話，先哲（音楽をつくった人など）との対話など幅広く考えてみましょう。「この曲をつくった人（先哲）は，なぜこのような表現を考えたのかな」のように，時空を超えて，音楽をつくった人などとの対話も大切な視点になります。

　「深い学び」で大切なのは，学習の過程において「**音楽的な見方・考え方**」を働かせることができるようにすることです。音楽に対する感性を働かせ，音や音楽を，音楽を形づくっている要素とその働きの視点で捉え，捉えたことと，自己のイメージや感情，生活や文化などとを関連付けているとき，「音楽的な見方・考え方」が働いていると考えられます。

　では，音楽的な見方・考え方が働いているとは，具体的にどのような状況でしょう。

> 「『ヤーレン，ソーラン，ソーラン』のかけ声のリズム，『ハイハイ』や『どっこいしょ，どっこいしょ』の合いの手があるから，力強い表現になっているね」
> 「このうたの特徴は，ニシン漁で網を引く仕事から生まれているね」

　これは，ソーラン節の特徴について交流している場面の児童の発言です。音楽的な見方・考え方を働かせている一場面と言ってよいでしょう。音楽的な見方・考え方を働かせることによって，「ソーラン節」の曲の特徴についての理解を深めたり，音楽表現を工夫したり，よさなどを見いだして曲全体を味わって聴いたりする学習が充実するのです。

　冒頭で，音楽の学びの自覚が，活動や曲の名前だけに留まっているのは好ましいことではないと述べました。新学習指導要領の趣旨を生かした授業を工夫することによって，個々の曲や学習活動に即した資質・能力の高まりを，教師も児童も実感できるようにすること。このことが，音楽科の学びの真の充実につながると信じています。

小学校6学年を通して育てる内容一覧（高学年の内容を基に）

A　表　現

(1)　歌唱の活動を通して，次の事項を身に付けることができるよう指導する。

　　ア　曲の特徴にふさわしい歌唱表現を工夫し，思いや意図をもつこと。〔思考力，判断力，表現力等〕

　　イ　曲想と音楽の構造や歌詞の内容との関わりについて理解すること。〔知識〕

　　ウ　思いや意図に合った表現をするために必要な次の㋐から㋒までの技能を身に付けること。〔技能〕

　　　　㋐　聴唱・視唱の技能　　　　㋑　自然で無理のない，響きのある歌い方で歌う技能

　　　　㋒　声を合わせて歌う技能

(2)　器楽の活動を通して，次の事項を身に付けることができるよう指導する。

　　ア　曲の特徴にふさわしい器楽表現を工夫し，思いや意図をもつこと。〔思考力，判断力，表現力等〕

　　イ　次の㋐及び㋑について理解すること。〔知識〕

　　　　㋐　曲想と音楽の構造との関わり　　　㋑　多様な楽器の音色や響きと演奏の仕方との関わり

　　ウ　思いや意図に合った表現をするために必要な次の㋐から㋒までの技能を身に付けること。〔技能〕

　　　　㋐　聴奏・視奏の技能　　　　　　　㋑　音色や響きに気を付けて，楽器を演奏する技能

　　　　㋒　音を合わせて演奏する技能

(3)　音楽づくりの活動を通して，次の事項を身に付けることができるよう指導する。

　　ア　次の㋐及び㋑をできるようにすること。〔思考力，判断力，表現力等〕

　　　　㋐　即興的に表現することを通して，音楽づくりの様々な発想を得ること。

　　　　㋑　音を音楽へと構成することを通して，どのように全体のまとまりを意識した音楽をつくるかについて思い
　　　　や意図をもつこと。

　　イ　次の㋐及び㋑について，それらが生み出すよさや面白さなどと関わらせて理解すること。〔知識〕

　　　　㋐　いろいろな音の響きやそれらの組合せの特徴　㋑　音やフレーズのつなげ方や重ね方の特徴

　　ウ　発想を生かした表現や，思いや意図に合った表現をするために必要な次の㋐及び㋑の技能を身に付けること。
　　　〔技能〕

　　　　㋐　設定した条件に基づいて，即興的に表現する技能　㋑　音楽の仕組みを用いて，音楽をつくる技能

B　鑑　賞

(1)　鑑賞の活動を通して，次の事項を身に付けることができるよう指導する。

　　ア　曲や演奏のよさなどを見いだし，曲全体を味わって聴くこと。〔思考力，判断力，表現力等〕

　　イ　曲想及びその変化と，音楽の構造との関わりについて理解すること。〔知識〕

〔共通事項〕

(1)　「A表現」及び「B鑑賞」の指導を通して，次の事項を身に付けることができるよう指導する。

　　ア　音楽を形づくっている要素を聴き取り，それらの働きが生み出すよさや面白さ，美しさを感じ取りながら，
　　　聴き取ったことと感じ取ったこととの関わりについて考えること。〔思考力，判断力，表現力等〕

　　イ　音楽を形づくっている要素及びそれらに関わる音符，休符，記号や用語について，音楽における働きと関わ
　　　らせて理解すること。〔知識〕

※解説23－25頁から抜粋

歌 唱

① 「うみ」を思い浮かべながら歌いましょう

授業の特徴 体を動かす活動を楽しみながら，3拍子の流れを感じ取って様子をイメージして歌います。海の情景を豊かに想像できるよう視覚教材を有効に使います。

ワークシートで身に付く主な力 ・曲想と音楽の構造や歌詞の表す情景との関わりに気付く力【知】

学習指導要領 A表現 (1) 歌唱ア，**イ**，ウ(ア)，〔共通事項〕(1)**ア**

要素 リズム，フレーズ

1 学習の流れ

❶ 海の情景を豊かに想像できる視覚教材を見ながら「うみ」を聴きます。

➡ ❷ 1番から3番まで通して歌詞を音読し，歌へのイメージを共有します。

➡ ❸ 3拍子に合わせて3種類の動きをします。「うみ」の感じに合う動きを選び，どうして合うと思ったかを書きます。

➡ ❹ みんなの意見を聞き，どの動きも「うみ」の感じに合うことを知り，動きながら心を込めて歌います。

2 準備

教材：①必要に応じて範唱CD「うみ」（文部省唱歌）林柳波作詞／井上武士作曲

②視覚教材（教科書に掲載されている以外にも色々な海の写真を準備しておきます。違う季節，朝昼夕の景色，波の様子等，視覚教材を通してできるだけ様々な海のイメージが膨らむようにしましょう。）

③②を映す大画面

3 学びやすい授業づくりのポイント

①**ワークシート❶**では，はじめに「うみ」の歌詞の印象に合った写真等の視覚教材を提示します。次に日本が海に囲まれている島国であることが分かるような写真や，夕焼けに染まった海の写真等，雰囲気の違う視覚教材も提示してみてもよいでしょう。豊かな視覚教材を見ながら，「うみ」を聴き，感じたことを書きます。

②音読するときに，児童が感じた「大きい海の感じ」「おだやかな感じ」などを紹介して，心を合わせられるようにします。

③次にのびのびと歌います。歌詞にある「ひろいな大きいな」のところは，手や上半身で言葉を表しながら歌うのもよいでしょう。「月がのぼるし日がしずむ」のところは，音楽的な盛り上がりがあって帰着する美しい旋律の部分です。深く味わって歌いましょう。

④**ワークシート❸**では，3拍子ののびやかなリズムに合わせて，歌いながら体を動かすことの心地よさを味わい，「うみ」にふさわしい3拍子の拍感を感じ取ります。そして❹では，動きを振り返ることで，「うみ」の曲想と自分の気持ちとを照らします。

(伊藤 仁美)

「うみ」をおもいうかべながら、うたいましょう

ねん　くみ　なまえ

1　しゃしんをみながら「うみ」をきいて、かんじたことをかきましょう。

うみは
うみは

2　こころをあわせて、かしをおんどくしましょう。

3　「うみ」をうたいながら、かんじにあうように、からだをうごかしてみましょう。

①みんなで手をつないで　１２３１２３と　からだをよこにゆらしながら　うたいましょう。

②おとなりの人と　むきあいます。おたがいの手をあわせ「うみ」にあわせて　よこにゆらしましょう。ゆったりとおこないましょう。

③このうたは　１、２、３、１、２、３……という　はくのリズムにあわせて　うたいます。
　１つめは「ひざ」、２つめ、３つめは「手」をうってみましょう。

4　「うみ」に、一ばんあうとおもったうごきは、どれですか。

①手をつないでよこゆれ　　②手をあわせてよこゆれ　　③ひざと手
りゆう

2 「かたつむり」の歌に，身ぶりをつけて歌いましょう

🖥 授業の特徴	「かたつむり」の特徴的なリズムや旋律の山に気付いて歌います。
📄 ワークシートで身に付く主な力	・曲想と音楽的な特徴や歌詞の内容との関わりに気付く力【知】
🏫 学習指導要領	A表現 (1) 歌唱ア，イ，ウ(ア)，〔共通事項〕(1)ア
🧩 要素	速度，リズム，フレーズ

1 学習の流れ

❶「♫」のリズムを探したり，一番高い音を探したりして曲想と旋律の特徴との関わりに気付きます。 → ❷ ひざ打ち，手拍子をしながら2拍子のリズムを感じて歌います。 → ❸ ひざ打ち，手拍子に加えて，2段目に手遊びを入れ，3段目はグループで動きを考えます。 → ❹ グループごとに考えた振付を，歌いながら発表します。友達の発想，表現のよさを認め合います。

2 準備

体験：生活科の身近な自然の観察と関連を図るとイメージがわきます。必要に応じて写真などの資料を準備しておきましょう。「かたつむり」を歌えるようにしておきます。

教材：必要に応じて範唱CD「かたつむり」（文部省唱歌）

3 学びやすい授業づくりのポイント

①**ワークシート1**①では，曲の楽しさを生み出している♫のリズムを探します。2，3，5，6，7，11小節にあります。次に，**ワークシート1**②では，曲の山である一番高い音を探します。9小節目の「つのだせ」の「の」と「だ」です。

②楽しいリズムと最高音を意識して，楽しく表情豊かに歌えるようにしましょう。

③**ワークシート2**では，2拍子を感じながら「かたつむり」を歌うために，ひざをタップすることと手拍子をする活動を紹介しています。一度，全部通して，ひざタップ→手拍子を体験して，2拍子の感じをつかんでから，手遊びを入れるとよいでしょう。

④振り付けをして歌います。左右を変えるのは難しいので，無理なく行ってください。

　・「でんでんむしむし／かたつむり」ではひざ，手を交互に打ちます。

　・「おまえのあたまはどこにある」では右手でチョキ，左手でグーをつくりチョキの上にグーをのせてかたつむりを表します。この動きを拍に合わせて手を入れ替えます。

　・「つのだせやりだせ／あたまだせ」のところは，オリジナルの振り付けを考えます。先にワークに動きを書くのではなく，動きをつくってから書くようにしましょう。

⑤**ワークシート3**では，お互いに発表を見て，よさを認め合います。

（伊藤 仁美）

「かたつむり」のうたに、みぶりをつけてうたいましょう

<u>ねん　　くみ　なまえ</u>

1　「かたつむり」のせんりつの、とくちょうをしらべましょう。

①〇でかこんだ「たっか」のリズムが　あと6つあります。みつけて〇でかこみましょう。

②おんぷのたまをなぞりながら、うたいましょう。

　一ばん高いおとのたまを　□でかこみましょう。2つあります。

はずんだリズムに気をつけて,たのしくうたってほしい!

たかいおとのかしを,はっきりうたってほしい!

2　2びょうしのはくをかんじて、ふりつけをしながら　うたいましょう。

うた	でーん　でん	むーし　むし	かーた　つむ	りー
うごき	（ひざ）　（手）	（ひざ）　（手）	（ひざ）　（手）	（ひざ）（手）
うた	おーま　えの	あーた　まは	どーこ　にあ	るー
うごき				
うた	つのだせ	やりだせ	あたまーだ	せー
うごき	グループで、かしにあったうごきをかんがえよう！			

3　クラスのともだちの　はっぴょうを見て、よいところをかきましょう。

3 色々な国旗の歌を
つくって歌いましょう

授業の特徴 リレー唱を通じて互いの声を聴き合い、みんなで「日のまる」をもとに、国旗の歌をつくります。歌詞づくりを通じて旋律の理解を深め、世界の国旗に関する興味も広げます。

ワークシートで身に付く主な力 ・旋律にどのような歌詞をあてはめて表現するかを考える力【思判表】

学習指導要領 A表現 (1) 歌唱ア, イ, ウ(ウ),〔共通事項〕(1)ア

要素 旋律, フレーズ, 呼びかけとこたえ

1 学習の流れ

❶ 「日のまる」の歌を、歌詞を書いた模造紙を見ながら歌います。

❷ 4小節, 2小節, 1文字ずつなどのリレー唱をします。

❸ たくさんの国旗のイラストを黒板に掲示します。教師がオリジナルの歌詞で歌い、児童はどの国か当てます（例は3③参照）。

❹ 児童が班ごとにオリジナルの国旗の歌をつくり、発表し合います。

2 準備

体験：「日のまる」の歌を、通して歌えるようにしておきます。

教材：歌詞を大きく書いた模造紙、世界の様々な国の国旗を用意します。国旗は、1枚に複数の国旗を掲載するのではなく、1国1枚となるようにします。

3 学びやすい授業づくりのポイント

①教師が「しろじにあかく」と歌ったら児童が「ひのまるそめて」と歌うリレー唱を、色々な長さで行いましょう。児童だけで一列ごとにリレーしていくのもよいですね。また、児童に「お友達や先生が歌っているときは、よーく聴きながら心の中で歌ってね。みんなで1つの歌にするよ」と語りかけ、心の中で音高の表象ができるよう促しましょう。

②**学習の流れ❸**では国名を言わずに、例えば「うえからあかと／きいろとみどり／まんなかにほし／どーこのはただ」と歌います。これはガーナ共和国の国旗です。子供たちは黒板に掲示された中から、教師が歌った国旗を探します。歌詞を聴き、意味を考えながら、世界の様々な国への興味を深めていきます。外務省の web サイト内にある「国・地域」のページで色々な国や国旗を見ることができるので、活動に合った素材を探してみましょう。

③**学習の流れ❹**では、班ごとに国旗の歌をつくって発表し合います。最後は「どーこのはただ」で終わるようにし、聴いている児童がどの国旗の歌であるかを当てます。

④歌を発表するときは児童も緊張しやすいものですが、そこに「クイズの出題者」という役割が1つ加わることによって、積極的な参加を引き出すことができます。

(森 薫)

いろいろなこっきのうたをつくってうたいましょう

ねん　　くみ　なまえ

1　あなたのはんでえらんだこっきは、どこのくにのものかを　かきましょう。どんないろや、どんなかたちがつかわれているかも、かんさつして　かいてみましょう。

えらんだくに	こっきのようす

2　あなたのはんで　つくった　こっきのうたを、かきましょう。

もとのうた	つくったうたのかし
しろじにあかく	
ひのまるそめて	
ああうつくしい	
にほんのはたは	どーこのはただ？

3　それぞれのはんがつくった　こっきのうたの　よかったところを、かきましょう。

はん	くにの名まえ	よかったところ（たのしいところ、わかりやすいとおもったところ）

４ 「ひらいたひらいた」を
れんげの花になって歌いましょう

授業の特徴 みんなで輪になって手をつなぎ，拍に合わせて歩きながら歌います。れんげの花の様子を思い浮かべて，輪を大きくしたり小さくしたりしながら歌ってみましょう。

ワークシートで身に付く主な力
・曲想と歌詞の表す情景との関わりに気付く力【知】
・体を動かしながら，曲に合った表現で友達と声を合わせて歌う力【技】
・歌詞の特徴を捉えてどのように歌うかについて思いや意図をもつ力【思判表】

学習指導要領 A表現 (1) 歌唱ア, イ, ウ(イ), ウ(ウ), 〔共通事項〕(1)ア

要素 拍, 強弱, 音色

1 学習の流れ

❶ 教師の歌を模倣して歌います。 ▶ ❷ みんなで輪になって手をつなぎ，歩きながら歌います。 ▶ ❸ 歌詞に合わせて，輪の大きさを変化させながら歌います。 ▶ ❹ 輪の大きさに合わせて，強弱や音色の工夫を歌います。

2 準備

教室：みんなで手をつないで輪になることができるように，机や椅子を片付けておきましょう。

3 学びやすい授業づくりのポイント

①**ワークシート1**を使って，れんげの花を確認します。

②教師の歌をまねて歌います。本来，わらべうたは口頭伝承による音楽です。楽譜通りの旋律や調でなくてもかまいません。児童に合った旋律や音高で歌うことで体を動かす活動が容易になります。

③**ワークシート2**を使って，「ひらいたれんげ」「つぼんだれんげ」のイメージをもちます。手でお花をつくり，左右に拍をとるように動かしながら歌いましょう。教師のお手本を見て模倣しながら歌います。

④みんなで手をつなぎ，輪になって歩きながら歌います。教師が輪の中に入り，拍に合わせて歩くことで，子供たちも拍に合わせて歩きながら歌うことができます。

⑤「ひらいたれんげ」は大きな輪で，「つぼんだれんげ」は小さな輪で歌います。一人ひとりがれんげの花びらになったことをイメージします。「いつのまにかひらいた」「いつのまにかつぼんだ」の動きは，みんなで考えましょう。

⑥体の動きに合わせて「ひらいたとき」「とじたとき」「いつのまにかひらいた」「いつのまにかつぼんだ」の強弱や音色などを工夫して歌います。**ワークシート1**を参考に，花の名前を，チューリップ，あさがおなど季節の花に変えて，音色の工夫をしても楽しいでしょう。

(城 佳世)

「ひらいたひらいた」をれんげの花になってうたいましょう

ねん　　くみ　なまえ

1　れんげの花は、どれでしょう。○をつけましょう。

2　れんげの花のかたちを、手でつくってみましょう。

①つくったれんげを、おんがくにあわせて　左右にうごかしましょう。
②つくったれんげを、うごかしながら　うたいましょう。

3　ともだちと　手をつないで、まるく　わになってうたいましょう。

①あるきながら　うたいましょう。
②うたにあわせて　ひらいたり、とじたりしましょう。
③はなにあわせて、おおきなこえでうたったり、ちいさなこえでうたったりしましょう。

4　きょうのべんきょうで、たのしかったことを　かきましょう。

おはなしをするように「かくれんぼ」を歌いましょう

5

🖥 授業の特徴	友達と声を聴き合って歌いましょう。
📄 ワークシートで身に付く主な力	・曲の表情と，歌詞の表す情景や気持ちとの関わりに気付く力【知】 ・場面を想像し，どのように歌うかについて思いや意図をもつ力【思判表】
🎼 学習指導要領	A表現（1）歌唱⑦，⑦，ウ(イ)，〔共通事項〕(1)⑦
✚ 要素	音色，強弱，呼びかけとこたえ

1 学習の流れ

❶ 付点のリズムに気をつけて，範唱と一緒に歌う。 ➡ ❷「かくれんぼ」の場面を，確認しながらうたう。 ➡ ❸「もういいかい」「まあだだよ」と「もういいかい」「もういいよ」をペアまたはグループで練習する。 ➡ ❹ 友達の発表をみて，よかったところを交流する。

2 準備

体験：「げんこつやまのたぬきさん」や「おちゃらかほい」など付点のリズムによる「わらべうた」遊びを体験しておきましょう。「かくれんぼ」の付点のリズムをスムーズに歌うことができます。

準備：**ワークシート2**のカードをはさみで切っておきます。

3 学びやすい授業づくりのポイント

①手遊びをしながら，付点のリズムによる「わらべうた」を歌いましょう。付点のリズムに慣れたら，範唱CDと一緒に「かくれんぼ」を歌いましょう。

②**ワークシート1**を使って，かくれんぼの場面を想像します。「かくれんぼするものよっといで」と声をかける場所，「じゃんけんぽんよ，あいこでしょ」とみんなでじゃんけんをする場所，鬼が「もういいかい」と言う場所，かくれる児童が「まあだだよ」「もういいよ」と言う場所を確認します。「『もういいかい（教師が歌いながら）』鬼さんは，どこで言うのかな。カードを動かしながら歌ってみましょう」のように，**ワークシート2**のカードを使いながら，子供と一緒に歌いましょう。1回目の「まあだだよ」は鬼から近い場所，2回目は少し遠い場所，3回目の「もういいよ」は隠れている場面であることに気付くとよいですね。

③友達とペア，またはグループになって，カードを動かしながら歌ってみましょう。それぞれの場面をどのような声で表現したらよいか工夫して歌います。

④ペア，またはグループで発表しましょう。友達の発表のよかったところや面白かったところを交流しましょう。

(城 佳世)

おはなしをするように「かくれんぼ」を歌いましょう

ねん　　くみ　なまえ
_____

１　カードをつかって、かくれんぼあそびをしましょう。

① 「かくれんぼするものよっといで」は、どこで言いますか。

② 「じゃんけんぽんよ、あいこでしょ」　じゃんけんはどこでしますか。

③ 「もういいかい」は、どこで言いますか。

④ １回目の「まあだだよ」はどこで言いますか。

⑤ ２回目の「まあだだよ」はどこで言いますか。

⑥ 「もういいよ」はどこで言いますか。

２　お友だちといっしょに、カードをつかって歌いましょう。

おにのイラストカード　　　　子どものイラストカード
（切りとってつかう）　　　　（切りとってつかう）

6 おはなしをするように「春がきた」を歌いましょう

📖 授業の特徴 歌詞が，まるで会話のように「呼びかけ」と「こたえ」になっていること，フレーズが徐々に盛り上がっていくことに気付き，表現を工夫して歌います。

📄 ワークシートで身に付く主な力
・曲想と音楽の構造，曲想と歌詞の表す情景との関わりに気付く力【知】
・春の楽しさが伝わるように，歌唱の表現を工夫する力【思判表】

🎓 学習指導要領 A表現 (1) 歌唱ア，イ，ウ(ア)(イ)，〔共通事項〕(1)ア

✚ 要素 旋律，強弱，フレーズ，呼びかけとこたえ

歌唱 2年

1 学習の流れ

❶「春がきた」の範唱を聴いて，歌います。 ▶ ❷歌詞の音読から，同じ言葉が繰り返されていること，「呼びかけ」と「こたえ」になっていることに気付きます。 ▶ ❸フレーズの構造について気付きます。 ▶ ❹歌詞とフレーズのつながりを感じて，表現を工夫して歌います。

2 「春がきた」について

　作詞は高野辰之（1876〜1947），作曲は岡野貞一（1878〜1941）。明治43年（1910）の『尋常小学読本唱歌』に掲載された歌です。日本は「春夏秋冬」の四季の移り変わりがありますが，地域によっては，寒い冬が半年以上を占めます。この歌は，長い冬を終え，ようやく春がやってきたという喜びにあふれた曲です。その気持ちが，「春がきた」「〜にきた」が連呼される歌詞や，5小節目から徐々に音高も高くなっていくフレーズにも表れています。

3 準備

体験：「春がきた」の範唱を聴き，リズムを打ちながら歌詞を音読する体験をしておきます。

4 学びやすい授業づくりのポイント

①「春」の季節感がとても大切な歌です。2年生の4月に歌いましょう。

②**ワークシート■**では，まずは全員で音読してみましょう。そして，「呼びかけ」と「こたえ」の構造になっていることに，体験的に気付けるようにしましょう。例えば「呼びかけ」と「こたえ」を，教師と子供たちで分担する，クラスを2グループにして分担する，さらに読み方を工夫するなどして，繰り返し音読することにより，春の喜びが感じ取れると思います。

③**ワークシート2**の手の動きは，相対的な高低が示せればOKです（頭の高さが「ド」などと決める必要はありません）。一番高い音に気付き，そこをのびのびと，喜びをもって歌えるようにしましょう。手の高さで音高を示すことで，音の高低を実感しながら歌えます。

④**ワークシート3**では，■と2を生かして，グループで呼びかけ担当とこたえ担当に分かれて音楽表現の工夫をします。

(小畑 千尋)

おはなしをするように「春がきた」を歌いましょう

ねん　くみ　なまえ

1 お話をするようによびかけとこたえにわかれて、春の楽しさがつたわるように詩を読みましょう。

2 手で音の高さをしめしながら歌ってみましょう。

なめらかに動いたり、音が高くなったりする感じを味わいましょう。

3 グループで1番から3番までの中から1つえらんで、春の楽しさがつたわるように歌ってみましょう。

〈グループで春らしく歌うヒントです〉
・よびかけとこたえでむかいあう。
・歌っているメンバーは体をゆらす。
・歌っているメンバーは手を上下にしながら歌う。
・1しょうせつごとに、人数をふやす。

グループのくふう

25

7 虫の鳴き声の様子に合った歌声で「虫のこえ」を歌いましょう

授業の特徴 秋の虫の姿や鳴き声を学び，それに合った歌唱表現を考え，声色や歌い方を工夫します。工夫をするプロセスで対話や試行を大切にし，言語活動の充実をはかります。

ワークシートで身に付く主な力
・曲想と歌詞の表す情景との関わりに気付く力【知】
・「虫のこえ」に合った歌い方を考える力【思判表】

学習指導要領 A表現 (1) 歌唱ｱ，ｲ，ウ(イ)，〔共通事項〕(1)ｱ

要素 音色，強弱，フレーズ

1 学習の流れ

❶ 「虫のこえ」を，1番・2番通して歌います。 ➡ **❷** 歌に登場する虫の写真を見ます。それぞれの鳴き声の音源を聴きます。 ➡ **❸** それぞれの虫の姿や鳴き声に合った歌い方をみんなで話し合い，考えます。色々な声色や強弱を試します。 ➡ **❹** 工夫した歌い方で歌い，それを録音します。みんなでつくった歌唱表現の録音を聴き，よさなどを分かち合います。

2 準備

体験：「虫のこえ」の歌を，通して歌えるようにしておきます。

教材：マツムシ，スズムシ，コオロギ，クツワムシ，ウマオイの写真と鳴き声の音源。ワークシートの❶・❷を拡大印刷した模造紙。

3 学びやすい授業づくりのポイント

①まず1番と2番を通して歌った後に，登場する5種類の虫の姿を教師が黒板に掲示し，体長などについて説明します。「草むらに隠れているんだよ」「とても小さな虫です」などの情報を盛り込むことで，児童は曲に合った表現のイメージを膨らませることができます。

② 学習の流れ❷では，ワークシートの❶に記入しつつ進めます。教師が虫の名前を伏せて音源を流し，歌詞のオノマトペをもとに，「この鳴き声はどの虫かな」と類推させてもよいでしょう。

③ 学習の流れ❸では，ワークシート❷を使って表現の工夫を考えます。「夜，静かな川原でスズムシの声を聴いたよ。だから小さくてきれいな声で歌おう」「『ああおもしろい』のところは，気持ちを込めて大きな声にしてみたい」など，歌詞の解釈や生活経験をもとにクラスみんなで話し合えるよう，教師はサポートしましょう。新たなアイデアが出てきたら，実際に歌って試します。また，動作をつけて歌ってみるのも低学年において有効な手立てです。

④ 学習の流れ❹では，みんなでつくり上げた表現を味わいながら聴きましょう。「ここが素敵だった」「今度はこうしてみよう」と感想を伝え合うことで，次の歌唱活動への動機付けになります。

(森 薫)

虫の鳴き声のようすに合った歌声で「虫のこえ」を歌いましょう

<u>　　ねん　　くみ　なまえ　　　　　　　　　　　　　　　　　</u>

1 「虫のこえ」にとうじょうする５しゅるいの虫を、どんなふうに歌うとよいでしょう。

虫の名まえ	どんな鳴き声だったか（小さい、高い、にている楽器）
マツムシ	
スズムシ	
コオロギ	
クツワムシ	
ウマオイ	

スズムシ

ウマオイ

2 どんなふうに歌うと、虫を見つけたようすや、虫の鳴いているようすをひょうげんできそうか、みんなで話し合い、いけんを歌しの下に書きましょう。

あれまつむしが	ないている	チンチロチンチロ	チンチロリン

あれすずむしも	なきだした	リンリンリンリン	リーンリン

あきのよながを	なきとおす	ああおもしろい	むしのこえ

3 みんなでつくった「虫のこえ」のろく音をきいて、かんそうを書きましょう。

8 様子を思い浮かべて 「夕やけこやけ」を歌いましょう

授業の特徴 七五調の歌詞のリズムを体感し，1番と2番の歌詞を絵に描きながらイメージを膨らませ，歌詞の情景を思い浮かべながら歌います。

ワークシートで身に付く主な力
・曲の雰囲気と歌詞の表す情景との関わりに気付く力【知】
・歌詞の表す情景を捉えた表現を工夫し，どのような声で歌うかについて思いをもつ力【思判表】

学習指導要領 A表現 (1) 歌唱ア，イ，ウ(イ)，〔共通事項〕(1)ア

要素 音色，リズム，フレーズ

1 学習の流れ

❶「夕やけこやけ」の範唱を聴いて，歌います。

❷ 歌詞の音読を通して，言葉の意味を味わい，また言葉のリズムを体感します。

❸「夕焼けこやけ」の情景を，それぞれが絵に描きながら想像します。

❹ 歌詞の情景を伝えるために，丁寧な声で歌います。

2 「夕やけこやけ」について

　大正12年（1923）年発行の『文化楽譜・あたらしい童謡その一』に発表され，約100年近く歌い継がれてきたうたです。このうたの主題の「夕焼け」は，日本の子供たちにとっての原風景の1つです。1番の歌詞，2番の歌詞を比較すると，時間の経過が感じられます。絵を描くことによってそのことに気付き，表現の工夫につなげましょう。

3 準備

体験：夕焼けの写真や，夕方から夜に刻々と移り変わる様子の動画を見せておきましょう。インターネット，もしくは実際に教師自身が「美しい」と思った夕焼けを撮影しましょう。校庭から撮影した夕焼けの動画などもおすすめです。

4 学びやすい授業づくりのポイント

①範唱は，CD，DVD等を用いてもOKですが，できるだけ教師が歌って示しましょう。

②**ワークシート❶**では，言葉の意味を味わい，七五調の言葉のリズムを体感できるように，区切って読みましょう。その際，単に「大きな声で読む」で読むということにならないように，教師自身が児童に語りかけるように発声しましょう。

③**ワークシート❷**では，歌の上手い下手ではなく，児童が想像する歌詞の世界を受容しましょう。子供自身が情景を思い浮かべ，お互いの絵を見る活動であると同時に，児童がどのようにイメージしているのかを教師が知るための活動です。

（小畑　千尋）

ようすを思いうかべて「夕やけこやけ」を歌いましょう

ねん　くみ　なまえ
_____

1　音読^{どく}してみましょう。

「ぼくのおやつは　アイスだよ」のように、7＋5のノリのよいリズムです。

1番

夕やけこやけで
日がくれて
山のおてらの
かねがなる
おててつないで
みなかえろ
からすといっしょに
かえりましょう

2番

こどもがかえった
あとからは
まるい大きな
お月さま
小鳥がゆめを
見るころは
空にはきらきら
金のほし

2　「どんな景色^{けしき}かな？」とそうぞうして、絵にかいてみましょう。

えらんだ歌し^か	1番	2番

3　「夕やけこやけ」のようすを思いうかべながら歌うとき、どのような声で歌いたいですか。

低学年の発声

① 子供一人ひとりの歌声を，先生が受けとめましょう

子供たちは，保育園，幼稚園でたくさんの歌を歌って小学校に入学してきます。子供は歌うことが大好きです。その気持ちを大切に，そのまま育てたいのが低学年の歌唱指導です。小学生になり，急に「歌うための発声」だけを求められては，楽しくありません。

先生から，「あなたのそのままの声が素敵だね」と受け入れてもられた子供は，安心して，のびのびとクラスで歌うことができます。歌うときには，その人の体そのものが楽器になります。すなわち，子供自身の精神状態がそのまま声に反映されるといっても過言ではありません。先生も積極的に歌い，自分の歌声を子供たちに届けてください。音楽の授業のスタートとなる低学年で，子供と先生との信頼関係を築くことはとても大事なのです。

② 頭声的発声は，様々な発声のうちの１つです

歌うことが好きな先生ほど，「子供たちに，こんな発声で歌ってほしい」という理想があると思います。でもちょっと待ってください。その理想は，表出された歌声だけに注目していませんか？ 頭声的な発声で歌うことが目的になっていませんか？

例えば，「どならないで歌って」と子供に指摘するのは簡単です。でも「どなって歌う」のが悪いと思うのは，一方的な価値観とも捉えられます。なぜなら，歌のジャンルによっては，シャウト系の歌もあるように，それぞれの歌には表現に合った歌い方があるからです。大切なことは，子供の多様な声，多様な発声を受容した上で，その歌をどんな風に歌いたいのか，この曲にはどのような発声が合うのかを，子供自身が着目できるように導くことです。

③ 歌いながら「聴く」活動を行っていきましょう

歌いながら，自分の歌声を「聴く」ことは，大人でも難しいことです。自分の歌声は骨伝導の音も加わって聞こえるので，他者の歌声を聴くのに比べて，より複雑だからです。しかし，音高・音程を合わせて歌う際にも，歌いながら「聴く」ことは必要です。

まず，先生が児童の歌声の高さに合わせてみましょう。児童の発声しやすい高さで「あー」と伸ばしてもらい，先生も一緒に同じ高さで「あー」と歌ってみます。そのときに，「同じ高さで歌えている」ということを児童に伝え，児童がそのことを実感できることがとても大切です。この練習の積み重ねで，同じ音の高さで歌う感覚が分かり，先生の歌声や友達の歌声の高さを「意識して」聴いて，合わせられるようになっていきます。

（小畑 千尋）

参考文献
・小畑千尋（2019）「音程が外れる児童への指導スキル」『小学校音楽 指導スキル大全』阪井恵・酒井美恵子，明治図書，pp.82-83

器楽

9 鍵盤ハーモニカのルールを
守りましょう

🖥 **授業の特徴** 鍵盤ハーモニカの基本的な扱い方について学びます。音を出してみて楽器の特性に触れることができます。

📄 **ワークシートで身に付く主な力** ・楽器の特徴を知り，扱い方や演奏方法に気付く力【知】

🎵 **学習指導要領** A表現 (2) 器楽ア， イ(イ) ， ウ，〔共通事項〕(1) ア

🧩 **要素** 音色

1 学習の流れ

❶ 鍵盤ハーモニカを正しい向きでケースから取り出し，歌口をセットします。大画面に映しながら一緒に行います。

❷ 鍵盤ハーモニカの各部分の名称を確認し，今後の指導に役立てます。

❸ 実際に音を出してみます。強い音や弱い音，高い音や低い音を出して違いを確認します。音を止める合図も決めます。

❹ 片付けるときのルールを確認します。水抜きをしたり，鍵盤や歌口を拭いたりしてケースにしまいます。

2 準備

体験：楽器は大切に扱うことを身に付けておきます。落としてけがをしないよう，安全面にも配慮します。

教材：児童1人1台の鍵盤ハーモニカを用意します。教師も1台持ち，児童に示しながら進めます。その際に，楽器の扱い方を映すための大画面も用意します。必要に応じてケースを開けるときの上向き側を示す，目印のためのシールなどを用意します。

3 学びやすい授業づくりのポイント

①鍵盤ハーモニカは，メーカーによってケースが異なり，どちら側を上にして開ければよいか分かりにくい場合もあります。上部のふたにシールを貼ったり名前シールの位置を目印にしたり，ルールを決めて確認するとよいでしょう。

②鍵盤ハーモニカは，各メーカーで各部位の名称や取り扱い方が異なります。付属の説明書を児童と一緒に確認しながら大画面で映し，**ワークシートの1**に記入しましょう。①黒鍵，②白鍵，③水抜きボタン・唾液抜きボタン，④歌口・マウスピース・演奏用パイプ，のように普段の授業で指示を出すときに使う用語で覚えると，授業運営にも役立ちます。

③鍵盤ハーモニカの音を止める約束を決めます。今後の学習をよりスムーズに行う上でも，クラス全員で共有するとよいでしょう。唄口から口を離せば音は鳴りません。例えば，手をグーにして高くあげる，などの合図などを決めて，**ワークシートの2**に記入しましょう。

④片付けるときは，水分や汚れがないことを確認します。ホース部分も含め歌口は水洗いできますが，よく乾かす必要があります。鍵盤のある本体は水洗いできません。

(森尻 有貴)

器楽 1年

けんばんハーモニカのルールをまもりましょう

<u>　ねん　　くみ　なまえ</u>

１　けんばんハーモニカの名まえを　おぼえましょう。それぞれのぶぶんの
名まえをかきましょう。

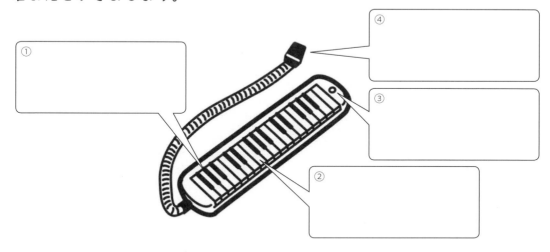

④

①

③

②

２　けんばんハーモニカの音を　やめるときのあいずは、なんですか。

_____

３　けんばんハーモニカの　おかたづけをします。できたら（　　　）に〇を
かきましょう。

（　　　）
よごれていないか、
かくにんしましょう。
よごれていたら
やさしくふきましょう。

（　　　）
はずして
水がのこらないように
ふきましょう。

４　けんばんハーモニカをつかうときの　やくそくをかきましょう。

_____

10 鍵盤ハーモニカと仲良しになりましょう

授業の特徴 鍵盤ハーモニカの音の出し方を探求し，楽器による表現の可能性を探ります。見つけた演奏の仕方を共有したり，音から演奏の仕方を想像したりします。

ワークシートで身に付く主な力 ・鍵盤ハーモニカの音色と演奏の仕方との関わりに気付く力【知】

学習指導要領 A表現 (2) 器楽ア，イ(イ)，ウ(イ)，〔共通事項〕(1)ア

要素 音色

1 学習の流れ

❶ 鍵盤ハーモニカの白鍵と黒鍵，音の高低，音の強さについて学びます。

❷ 鍵盤ハーモニカで様々な音を探求します。どのように演奏したら，どのような音が出たかを記録します。

❸ 自分が見つけた音と演奏の仕方を発表し，クラスのみんなで真似をして吹いてみます。

❹ 演奏の仕方を言わずに音だけを発表させ，他の児童は，どのように演奏しているのかを考えます。

2 準備

体験：鍵盤ハーモニカの基本的な音の出し方や扱い方を理解した上で，授業で音を止める約束を共有しておきます。

教材：児童1人1台の鍵盤ハーモニカを用意します。

3 学びやすい授業づくりのポイント

①鍵盤ハーモニカの黒鍵の位置に2つの山と3つの山があることを確認します。右に行くと「高い音」，左に行くと「低い音」が出ることも確認し，そのことを**ワークシート**の**1**に記入します。

②鍵盤ハーモニカの音を探求するときは，運指やドレミなどにとらわれず自由な発想を大切にしましょう。はじめて鍵盤ハーモニカに触れる児童も，様々なアイデアが出せる雰囲気が大切です。ペアやグループで活動するのもよいと思います。**ワークシート**の**2**に記入した内容を発表するときは，実際の演奏の仕方が，クラスの人たちに見えるようにしましょう。

③音だけを聴かせて，どのように演奏しているのかを考える活動では，目をつぶったり，後ろ向きで吹いてもらったりするなどして，音を頼りに奏法をイメージするようにします。また，聴いた音がどんな感じがするかも一緒に発表できるとよいでしょう。

4 ICTの活用

iPad等に搭載されているレコーダー等を使って，探した音の出し方を録音して，クラスで聴いてみることもできます。

(森尻 有貴)

けんばんハーモニカと　なかよしになりましょう

<u>　　　　　ねん　　くみ　なまえ　　　　　　　　　　　　　　　　</u>

1　けんばんのえを見て、音のたかさを（　　　）にかきましょう。

2つのおやま　3つのおやま

（　　　　　　　）　　　　　　　　　　　　　　　　　　　（　　　　　　　）

2　けんばんハーモニカで、いろいろな音を　出してみましょう。どんな音が
　　出せましたか。また、それは　どのように　えんそうしましたか。

どんな音・音のかんじ	どのようにしたか （けんばん・いきのつよさ）
れい：たかくてサイレンみたい	いちばん右の２つのけんばんをいっしょに ひいて、いきをつよめにふいた

3　クラスの人の　音の出しかたには、どのようなものがありましたか。

どんな音・音のかんじ	どのようにしたか （けんばん・いきのつよさ）

11 鍵盤ハーモニカでまねっこ遊び —— ドレミ編

授業の特徴	鍵盤ハーモニカを使って，ドレミの音を演奏します。音を聴いて即時的に模倣したり，聴いた音を再現したりして弾きます。
ワークシートで身に付く主な力	・範奏を聴いて，鍵盤ハーモニカでド，レ，ミを演奏する力【技】
学習指導要領	A表現 (2) 器楽ア，イ(イ)，ウ(ア)，〔共通事項〕(1)ア
要素	音色，リズム，拍

1 学習の流れ

❶ たん・たん・たん・うん（♩♩♩𝄽）のリズムを声や手拍子で模倣します。

❷ ドレミをたん・たん・たん・うんのリズムに当てはめて歌い，模倣をします。

❸ 鍵盤ハーモニカのドレミの位置と運指を確認し，リズムに合わせて歌ったドレミを，鍵盤ハーモニカで模倣して演奏します。

❹〈発展課題〉鍵盤ハーモニカで吹いたドレミを，歌唱または鍵盤ハーモニカで模倣して演奏します。

器楽｜1年

2 準備

体験：リズム模倣の活動を体験しておきます。♩♩♩𝄽（たんたんたんうん）のリズムの（うん）のところで，教師が「はい！」などと声をかけるとまねしやすくなります。

教材：児童1人1台の鍵盤ハーモニカを用意します。書面カメラと大画面を用意します。

3 学びやすい授業づくりのポイント

①ワークシートの❶と❷は復習を含んでいます。白鍵と黒鍵の位置を確認して，「真ん中のド」がどこにあるか理解します。必要に応じてシール等を活用してもよいでしょう。右手の指番号を確認し，親指1，人差し指2，中指3を対応させると，今後の学習で曲を演奏するときの運指も安定します。

②教師がドレミで歌い，それを声でまねをします。音程感覚が養われるように，音程の高低に気を付けて歌いましょう。❸の学習では，教師がドレミで歌い，それを児童が鍵盤ハーモニカで弾きます。1回でできない場合は，何回か歌ったり，空中で歌いながら指を動かして運指を確認したり，書面カメラによりワークシートの鍵盤の絵や教師が演奏する様子を大画面に映して確認したりしましょう。ドレミの位置と音程感覚，実際に演奏する鍵盤が対応することが期待できます。

③〈発展課題〉は教師が鍵盤ハーモニカで弾いた音を聴き取り，それを歌唱や鍵盤ハーモニカで模倣するので，やや難しいです。もし，それまでの活動の様子で，児童ができそうなら，1つの音から取り入れてみたり，「ドレド」や「ドミド」などドから始まるものだけを行ってみましょう。

(森尻 有貴)

けんばんハーモニカでまねっこあそび──ドレミへん

<u>ねん　　くみ　なまえ　　　　　　　　　　　　　　　　　　</u>

1 きょうのリズムです。たたいてみましょう。

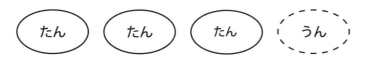

2 ドレミのいちを　おぼえましょう。どのゆびで、どこの音をひくか、かきましょう。

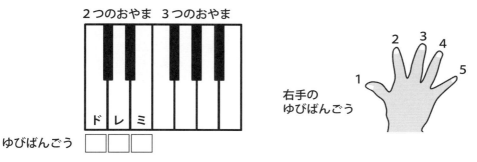

3 「たんたんたんうん」のリズムで、ドレミをひいてみましょう。

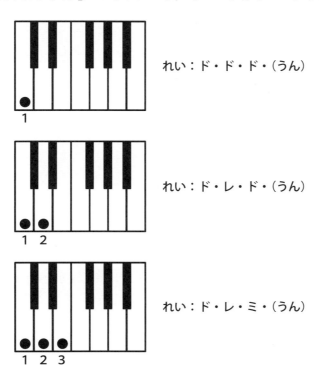

れい：ド・ド・ド・（うん）

れい：ド・レ・ド・（うん）

れい：ド・レ・ミ・（うん）

12 打楽器で遊びましょう

🎵🎵🎵🎵

授業の特徴 手拍子やボディパーカッションでリズムを打ちます。打楽器の演奏の仕方を ふまえて、リズムを打ち、楽器の音のよさに気付きます。

ワークシートで 身に付く主な力
・楽器の音色と演奏の仕方との関わりに気付く力【知】
・音色に気を付けてリズムを打つ力【技】

学習指導要領 A表現 (2) 器楽ア, イ(イ), ウ(イ), (ウ), 〔共通事項〕(1)ア

要素 音色, リズム, 拍

1 学習の流れ

❶ たん・たん・たん・うんのリズムを手拍子で打ってから、体の色々な部位を使ってボディパーカッションを楽しみます。

❷ リズムをカスタネット等の打楽器で演奏します。強弱をつけたり 速度を変えたりして模倣し、お気に入りの音を見つけます。

❸ 「たん」と「うん」を使って他のリズムをつくって打楽器で打ってみます。手拍子の「たん・たん・たん・うん」に重ねてみます。発展的な学習としてロンド形式でつなげることもできます。

2 準備

体験：「たん」と「うん」のリズムについて学習しておきます。「うん」はお休みであることを 理解しておきます。

教材：カスタネットなどの扱いやすい打楽器を児童1人に1つ。人数分の用意がない場合は、 クラスの人数の半数や1／3の個数を用意して、グループごとに交代で使用します。カ スタネットが割れていないか、ゴムの部分が緩くないか確認しておきます。

3 学びやすい授業づくりのポイント

①手拍子だけでなく、体の色々な部分（足、ひざ、指など）を使うことによってボディーパー カッションの面白さに気付くとともに、打つ部分や叩き方によって、様々な感じの音がする ことに気付くようにしましょう。また、安全面への配慮として、「首から上は叩かない」「お 友達は叩かない」などのルールを決めておくことも大切です。

②カスタネットの正しい打ち方や扱い方についても一緒に指導しましょう。正しい扱い方の指 導は、楽器が壊れたり、傷んだりするのを防ぐために大切なことです。

③**ワークシート❸**の「れい」のリズムを打ってみてから、リズムを「たん」と「うん」を組み 合わせてつくり、グループで打ってみます。カスタネットが人数分ないときは、手拍子のグ ループとカスタネットのグループに分けて重ねてみましょう。

④全員で楽しめる音楽づくりにするための発展的な学習としては、グループで1つリズムを考 え、全員のリズム（たん・たん・たん・うん）をAとして、「A→1班→A→2班→A→3班→ A」と演奏するとロンド形式の楽しい音楽になります。

(森尻 有貴)

だがっきであそびましょう

<u>　　ねん　　くみ　なまえ　　　　　　　　　　　　　　　　　　　　</u>

1 からだのいろいろなばしょをつかって、下のリズムをうってみましょう。

(たん)　(たん)　(たん)　(うん)

きょうのだがっき「　　　　　　　　　　　　　　」（がっきのなまえをかきましょう）

2 「だがっき」は、うって音を出すがっきです。いろいろなうちかたを　ためして、気にいった音をさがしましょう。
それは、どんな音がしましたか。また、どのようにうちましたか。

どんな音？　　　　　　　　　　　　　　　　　　　　　　　　　　　

どのようにうったか　　　　　　　　　　　　　　　　　　　　　　　　

3 ほかのリズムでもうってみましょう。「たん（うつところ）」か「うん（やすむところ）」をえらんで　○をつけて、うってみましょう。

れい：たん・（うん）・たん（うん）

たん	たん	たん	たん
(うん)	(うん)	(うん)	(うん)

やってみよう！

たん	たん	たん	たん
(うん)	(うん)	(うん)	(うん)

13 鍵盤ハーモニカで 呼びかけとこたえを楽しみましょう

授業の特徴 鍵盤ハーモニカで「呼びかけとこたえ」のフレーズを吹きます。リズムや音程が変化している「こたえ」に気付きます。

ワークシートで身に付く主な力
・「かくれんぼ」の呼びかけとこたえの特徴に気付く力【知】
・鍵盤ハーモニカで模奏する力【技】
・呼びかけとこたえの表現を工夫する力【思判表】

学習指導要領 A表現 (2) 器楽㋐，㋑㋐，㋒㋑，〔共通事項〕(1)㋐

要素 呼びかけとこたえ（模倣・変化）

1 学習の流れ

❶ 鍵盤ハーモニカで，リズムは同じで音だけを変えて模倣する遊びをします。

❷ CDを聴いて，呼びかけとこたえを学びます。「もーいいかい」「まーだだよ」「もーいーよー」の音を鍵盤ハーモニカで吹きます。

❸ 2人組になって，呼びかけとこたえの演奏の仕方の工夫を考えます。強弱や速度を工夫し，どんな風に吹いたらそれぞれの感じが伝わるかを考え，音楽に反映させます。

2 準備

体験：鍵盤ハーモニカを使って，模倣で応答する活動をしておきます。4拍で模倣したり，4拍ごとにパターンが変わっても吹けるようにしておきます。

教材：児童1人1台の鍵盤ハーモニカを用意します。歌唱「かくれんぼ」のCDを用意します。

3 学びやすい授業づくりのポイント

①**ワークシート１**の「こんにちは」では，単なる模倣ではなく，音の高さが変わっていることに気付かせるようにします。歌唱教材「アイアイ」の「アイアイ（アイアイ）」は同じ音，同じリズムで模倣しています。既習曲の場合は一緒に取り上げてみて，違いに気付くようにしてもよいでしょう。「こんにちは」の模倣の活動は，他の音を使ってもよいですし，「ありがとう」や他のあいさつなどを，児童と一緒に考えてやってみてもよいでしょう。教師がゆっくり吹いてみたり，優しく吹いてみたりして，表現も模倣できるようにします。

②「かくれんぼ」のCDを聴いて，曲の最後の部分に「呼びかけ」と「こたえ」が出てくることに注目させましょう。**ワークシート２**では，音は一緒でも，「まーだだよ」はリズムが変わっていることに気付かせるようにします。

③鍵盤ハーモニカで吹くときに，優しく「呼びかけ」てみたり，強く「こたえ」てみたり，2つのこたえで異なる表現を探求してみるとよいと思います。

（森尻 有貴）

※参考曲：歌唱曲「かくれんぼ」「アイアイ」

けんばんハーモニカで
よびかけとこたえを楽しみましょう

ねん　くみ　なまえ

1　「こんにちは！」を歌って、けんばんハーモニカでもふいてみましょう。

（せんせい）こんにちは！　（みんな）こんにちは！

（せんせい）こんにちは！　（みんな）こんにちは！

2　「もういいかい？」「まーだだよ」「もういーよー」をけんばんハーモニカ
でお話ししてみましょう。
「よびかけ」と「こたえ」では、なにがちがうでしょうか。

★「かくれんぼ」の「よびかけ」と「こたえ」では

（　　　　　　　　　　　　　　　　　　　　　　　　　　　　　　　）がちがう。

3　「かくれんぼ」の「よびかけ」と「こたえ」は、それぞれどのようにふく
ことができますか。
お気に入りの組み合わせを見つけて、どのようにふいたか書きましょう。

「よびかけ」_____

「こたえ」_____

鍵盤ハーモニカでまねっこ遊び
──ドレミファソ編

授業の特徴	鍵盤ハーモニカを使って，ドレミファソの音を演奏します。音を聴いて模倣したり，聴いた音を再現したりして弾きます。
ワークシートで身に付く主な力	・♫♫♩♪のリズムで示される教師の階名を聴いて，鍵盤ハーモニカを演奏する力【技】
学習指導要領	A表現 (2) 器楽ア，イ(イ)，ウ(ア)，〔共通事項〕(1)ア
要素	音色，リズム，拍

1 学習の流れ

❶ タタ・タタ・タン・ウン（♫♫♩♪）のリズムを声や手拍子で模倣します。

❷ ドレミをタタ・タタ・タン・ウンのリズムに当てはめて歌い，模倣をします。

❸ 鍵盤ハーモニカのドレミファソの位置と運指を確認し，リズムに合わせて歌ったドレミを，鍵盤ハーモニカで模倣して演奏します。

❹ 〈発展課題〉鍵盤ハーモニカで吹いた音を，歌唱または鍵盤ハーモニカで模倣して演奏します。

2 準備

体験：「ドレミ編」（p.36）で行うような，聴いて音を当てるクイズのような活動を体験しておきます。また，ドレミで歌ったり，歌った音を模倣したりする学習をしておきます。

教材：児童1人1台の鍵盤ハーモニカを用意します。

3 学びやすい授業づくりのポイント

①**ワークシート❷**は復習を含んでいます。今まで学習したドレミの延長で，ファとソを薬指と小指で弾きますが，低学年の児童にとって，薬指4と小指5は動かしにくい場合もあります。ゆっくり弾いて慣れるようにします。

②教師がドレミファソをタタ・タタ・タン・（ウン）のリズムで歌い，それを歌で真似をします。音程感覚が養われるように，音程の高低に気を付けて歌いましょう。**❸**の学習では，教師がドレミで歌い，それを児童が鍵盤ハーモニカで弾きます。1回でできない場合は，何回か歌ったり，空中で歌いながら指を動かして運指を確認したり，**ワークシート**の鍵盤の絵や教師の演奏の様子を，書画カメラを用いて大画面に映して確認したりしましょう。

③〈発展課題〉は，教師が鍵盤ハーモニカで弾いた音を聴き取り，それを歌唱や鍵盤ハーモニカで模倣するので，ドレミで歌ったものを模倣するより難しいです。もし，それまでの活動の様子で，児童ができそうなら取り入れてみましょう。それまでの学習で階名唱をするとともに，弾いたことのある音のパターンを使うとよいと思います。

（森尻 有貴）

器楽｜2年

けんばんハーモニカでまねっこあそび──ドレミファソへん

ねん　くみ　なまえ

1　今日のリズムです。うってみましょう。

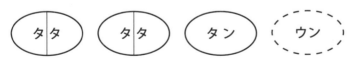

2　ドレミのいちをおぼえましょう。どのゆびで、どこの音をひくか、書きましょう。

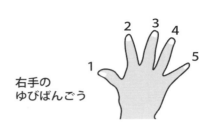

3　タタ・タタ・タン・ウンのリズムで、ドレミをひいてみましょう。

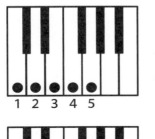

れい：ドレ・ミファ・ソ・（ウン）

れい：ソファ・ミレ・ド・（ウン）

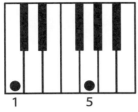

れい：ドド・ソソ・ド・（ウン）

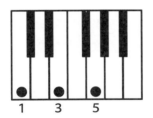

れい：ドミ・ソミ・ド・（ウン）

15 鍵盤ハーモニカで「かっこう」と「かえるのがっしょう」を吹きましょう

授業の特徴 「かっこう」と「かえるのがっしょう」を鍵盤ハーモニカで吹き，それぞれの音楽の特徴に合った吹き方をします。

ワークシートで身に付く主な力
・3拍子及び4拍子と，それぞれの拍子や旋律が生み出す表情との関わりについて気付く力【知】
・それぞれの曲の特徴にふさわしい表現を考える力【思判表】

学習指導要領 A表現 (2) 器楽⑦, イ(⑦), ウ(イ), 〔共通事項〕(1)⑦

要素 旋律，リズム，拍（3拍子，4拍子）

1 学習の流れ

❶ 2曲の拍子の違いを感じ取ります。演奏を聴いて3拍子と4拍子の拍の取り方を理解します。

❷ 「かえるのうた」と「かっこう」をドレミで歌って，鍵盤ハーモニカで吹きます。

❸ 2曲の最初の部分を比べて，それぞれどのように吹いたらよいかを考えます。はずむ感じとなめらかな感じで演奏できるようにします。

❹ 2曲の特徴を踏まえて，鍵盤ハーモニカで演奏します。

2 準備

体験：鍵盤ハーモニカで「ドレミファソ」が演奏できるようにしておくとともに，音の名前と鍵盤の位置とが一致しておくようにします。指番号が分かるように学習しておきます。

教材：児童1人1台の鍵盤ハーモニカを用意します。必要に応じて，大きく印刷した鍵盤の絵を黒板に貼るか，大画面で映します。

3 学びやすい授業づくりのポイント

①**ワークシート１**では，教師と一緒に歌いながら，まず3つの○を順番に指していきます。次に同じように4つの○を順番に指していきます。「かっこう」は3つ，「かえるのがっしょう」は4つずつでまとまる感覚に気付かせます。できたら曲に合わせて手拍子を打ちます。1拍目を強く打つようにすると，より感じやすいと思います。強拍を感じることで，音楽が流れている拍感を感じ取るようにしましょう。

②「かえるのがっしょう」は，3小節目のミを親指1で弾き始めるところが難しい部分です。黒板や大画面に映した鍵盤で，教師が実際に指の動かし方を見せるとよいでしょう。

③**ワークシート２**では，それぞれの曲の最初のフレーズを，音をつなげてなめらかに吹く，はずんだ感じで吹く（スタッカート）の両方を試して，どちらが曲に合っているかを考えます。それをふまえて**ワークシート３**に，拍子やフレーズを考えた吹き方を書きます。

④「かえるのがっしょう」は輪奏ができます。2グループに分けて，4拍ずらして後のグループが入ります。自信をもって吹けるようになったら，輪奏に挑戦してみましょう。4つずつ拍が進んでいく感じも学ぶことができます。

(森尻 有貴)

器楽 2年

けんばんハーモニカで「かっこう」と「かえるのがっしょう」をふきましょう

ねん　くみ　なまえ

1 「かっこう」と「かえるのがっしょう」は "ひょうし" がちがいます。それぞれのきょくをききながら、３つの○のまとまり、または４つの○のまとまりを、じゅん番にゆびでうってくらべましょう。それぞれのまとまりに合ったきょく名を書きましょう。

3つ		合ったきょく名
4つ	① ② ③ ④	合ったきょく名

2 「かっこう」と「かえるのがっしょう」のさいしょのぶぶんは、それぞれどんなかんじでふいたらよいでしょう。はずむかんじとなめらかなかんじの、りょうほうをためしてみましょう。どちらでふいたほうがいいか○をつけましょう。

「かっこう」

（　　）なめらかなかんじ

（　　）はずむかんじ

「かえるのがっしょう」

（　　）なめらかなかんじ

（　　）はずむかんじ

3 「かっこう」と「かえるのがっしょう」の、それぞれのきょくのよさが出るように、くふうしてふいたことを書きましょう。

「かっこう」
「かえるのがっしょう」

16 2種類の打楽器で遊びましょう

授業の特徴 2つの打楽器を使って，2パートでリズムを重ねます。異なるリズムと音色が重なることによる音楽の面白さを考えます。

ワークシートで身に付く主な力
- 楽器の名前と音色との関わりに気付く力【知】
- 範奏を聴いたり，リズム譜を見たりして演奏する力【技】
- 互いの楽器の音を聴いて，音を合わせて演奏する力【技】

学習指導要領 A表現 (2) 器楽ア，イ(イ)，ウ(ア)(ウ)，〔共通事項〕(1)ア

要素 音色，リズム，拍

1 学習の流れ

❶ 使う打楽器の演奏の仕方を確認し，音色が違うことを確かめます。

❷ 今までやったことのあるリズムを手で打ち，楽器でも打ちます。

❸ リズム1の各パートを手拍子で確認してから，楽器で打てるようにします。できたら2つのパートで合わせます。

❹ リズム2も同様に行います。できるようになったら，リズム1→リズム2→リズム1のようにやってみます。

2 準備

体験：リズム打ちに慣れておきます。タンとタタ，休み（ウン）が打ち分けられるようにしておきます。

教材：タンバリンとカスタネットなど2種類の打楽器を，クラスの全員にわたるように用意します。必要に応じて，書面カメラと大画面，**ワークシート2**のリズムパターンを印刷したものも用意します。

3 学びやすい授業づくりのポイント

①リズムが難しい場合は，ゆっくり何度もやってみましょう。特に2つのパートを合わせるのが難しいので，それぞれのパートが打てるようになるまで練習しましょう。同じ楽器で小グループをつくり，一緒に練習してもよいと思います。

②2つのパートで合うようになってきたら，打楽器①と打楽器②のリズムの違いや，それが重なることによって生み出される面白さについて，触れるようにするとよいでしょう。

③リズム2が難しい場合は，リズム1のパートを入れ替えて，それぞれの楽器が両方のリズムを体験するように学習を進めてもよいでしょう。

④発展的な学習としては，リズム1とリズム2をつなげてみたり，リズム1→リズム2→リズム1のようにABAの形式にしたり，それぞれを2回ずつ演奏して長くしたり，片方のパートをお休みにする部分をつくったり，色々な形式で演奏できます。リズムパターンを印刷して切り貼りして，大画面に映してもよいでしょう。

（森尻 有貴）

器楽 2年

2しゅるいのだがっきであそびましょう

<u>　ねん　　くみ　なまえ　　　　　　　　　　　　　　　　</u>

1 今日のだがっきは2しゅるいあります。がっきの名前を書いて、それぞれどんな音がするか、書きましょう。

がっきの名前	どんな音？

2 2しゅるいのだがっきで、ちがうリズムをうちます。

リズム1：きほんのリズム

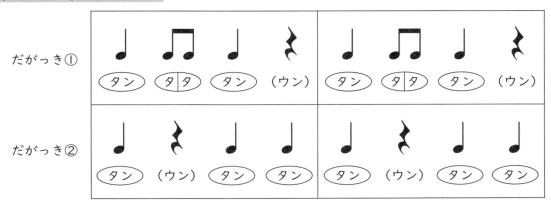

リズム2：チャレンジリズム

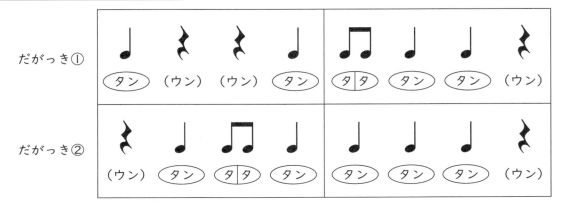

低学年の巧緻性の向上

① 手指の巧緻性と小学校の子供たち

　手指の巧緻性とは，ひらたくいえば手先の器用さのことです。私たちは，幼児期から学童期にかけて，徐々に手指の巧緻性を発達させます（戸次2013）。子供の手指の巧緻性は，生活の動作を通じて獲得されていくので，その向上には習慣が大きくかかわっています。

　手指の巧緻性は，手先の器用さだけでなく，子供の学習や，学習に対する態度と関わっていることが明らかにされています。しかし一方で，近年子供の手指の巧緻性が低下していることも分かっています。今日的な教育課題の1つとして巧緻性の問題を捉えることも大切です。

　小学校における教科等の学びには，文字を書く，ボールを投げるときの指先のコントロール，家庭科の被服など，手指の巧緻性を要する場面が多くあります。もちろん音楽科においても，楽器の演奏をする際に巧緻性が求められます。そこで，合科的な指導という観点をもちながら，年間指導計画をふまえて巧緻性向上のための指導の手立てを考えることが大切です。

② やってみよう！手指を動かすワーク

　手指の巧緻性を向上させるためのワークをいくつかご紹介します。道具を使わずにできるので，思いついたらいつでも，ちょっとした時間に取り組むことができますよ。

⑴　**指先くるくる**…両手の同じ指の先端同士をくっつけます。その状態をつくったら，親指同士を離して両の親指をくるくる回転させます。このとき，親指同士が触れないようにします。次に人差し指同士で同じようにくるくる回転，中指同士でくるくる回転…と，順番に行います。難しいのは薬指と中指です。難易度に応じて「くるくる」と色々な速さで言いながら動かしましょう。5本の指が独立して動かせるようになるためのワークです。

⑵　**1本指ジャンプ**…手のひらを下にして，5本の指先を机の上に置きます。そして1本ずつ，指を机から離して上に上げます。これも⑴と同様に，5本の指を独立して動かすことに繋がるワークです。できるだけ高く上げるようにすると効果的です。

⑶　**両手ひっぱり相撲**…両手の親指以外の4本の指同士を組んで，引っ張り合います。指先の力を養うだけでなく，上腕の筋力をアップさせる効果もあるワークです。右手を上に左手を下にして行った後は，左手を上に右手を下にして行いましょう。2人1組でもできます。

　音楽科で行う場合は，ピアノや音楽に合わせてやってみましょう。例えば⑴には「糸まき」などが合います。これらのワークは，できるできないよりも，手指を動かすそのプロセスに意味があります。子供たちが楽しんで取り組めるよう，オリジナルの工夫をしてみましょう。

（森　薫）

参考文献
・戸次佳子（2014）「『迷路−線たどり』における幼児の手指の巧緻性の発達」『人間文化創成科学論叢』第16巻，お茶の水女子大学大学院人間文化創成科学研究科，p.177−185

音楽づくり

17 声で音楽をつくりましょう
──身の回りの音

📖 授業の特徴 身の回りに，普段は意識していない色々な音が溢れていることに気付くことを契機として，音楽づくりを展開する授業です。

📄 ワークシートで身に付く主な力
・声や身の回りの様々な音の特徴に気付く力【知】
・様子をイメージして即興的にオノマトペで表現する力【技】
・色々な音を聴いて音楽づくりの発想を得る力【思判表】

🔖 学習指導要領 A表現 (3) 音楽づくり ア(ア)，イ(ア)，ウ(ア)，〔共通事項〕(1)ア

✚ 要素 音色，強弱，速度，リズム

1 学習の流れ

❶ 教室や校庭で，目をつむって円になり，聴こえてくる音を言い合います。

❷ 聴こえた音をワークシートにまとめます。自分たちの身の回りには，たくさんの音があふれていることに気付きます。

❸ 班ごとに，声だけで何かの様子をつくります。

❹ つくった様子を発表し合います。聴く子供たちは目をつぶって，その様子を味わいます。

2 準備

体験：「だんまりこおろぎ／エリック・カール作」「コッケモーモー／ジュリエット・ダラス・コンテ作」「きつつきの商売／林原玉枝作」など，音やオノマトペを豊富に含む物語や詩を読む・聞く経験をしていると，本ワークにスムーズに取り組めます。

教材：書き込みやすいよう拡大したワークシートをクリップボードにはさんでおきます。

3 学びやすい授業づくりのポイント

①**学習の流れ❶**では，「誰かの上履きの音」「エアコンの音」「隣のクラスのA先生の声」「校庭の木が風で揺れてる音」などの発言が出てきます。教師は「近くの音を見付けたね」「遠くの音に気付いたね。みんなも聞こえる？」と意味付け，価値付け，共有する働きかけをしましょう。また，始めるときに「このクラスは30人だから，30種類見付けられるといいな」と，全員が異なる音を見付けるように促すと，児童は一生懸命に環境に耳を傾けます。

②教師「どんな音かな？」児童「さわさわわーっていう音」といったように，オノマトペへの変換を促すと，**学習の流れ❷**で**ワークシート**に記入しやすくなります。ここで「気付いていなかったけど，実は私たちの周りには無限に音がある」という実感を，みんなで共有しましょう。

③**学習の流れ❸**では，混雑する駅のホーム，夏祭りと花火大会，夕方の台所などの場面の様子を声でつくって表現してみましょう。教師がいくつかの選択肢を用意し，くじ引きでつくる場面を決定してもよいでしょう。

④**学習の流れ❹**では，班ごとに様子をつくり発表し合います。発表する前にどんな様子か伝えてもよいですし，クイズ形式にしてもよいですね。児童の実態に合わせましょう。　（森 薫）

こえでおんがくをつくりましょう
──みのまわりの音

ねん　くみ　なまえ

1 目をつぶってみたら、どんな音がきこえましたか。ともだちが見つけた音も　かきましょう。

	気づいた音	どんな音？
れい	エアコンの音	ちいさい「ガー」
1		
2		
3		
4		
5		
6		
7		
8		

2　こえで　あるばめんのようすを　あらわしてみましょう。

あらわしたばめん…「　　　　　　　　　　　　　　　　　　　　　　　」

	いう人	いうおと
れい	こばやしさん	大きく「ガタンゴトン、ガタンゴトン」という。だんだん大きくする。
1		
2		
3		
4		
5		
6		

3　ばめんのようすを　こえで　あらわしたかんそうを　かきましょう。

18 打楽器で音楽をつくり，つなげましょう

🖥 授業の特徴	4拍のリズムをつくり，それをつなげて音楽をつくります。
📄 ワークシートで身に付く主な力	・4拍分のリズムやリズムのつなげ方の特徴に気付く力【知】 ・4拍分のリズムをつくって記譜したり，つなぎ方を考えて表現する力【技】 ・4拍の枠組みを用いたリズムで遊びを通して音楽づくりの発想を得る力【思判表】
📘 学習指導要領	A表現 (3) 音楽づくり ア(イ)， イ(イ)， ウ(イ)，〔共通事項〕(1)ア
🌸 要素	音色，リズム

1 学習の流れ

❶ 教師がリーダー役，児童がまねっこ役になり，4拍ずつのリズムのリレーをします。

❷ 児童がリーダー役とまねっこ役をそれぞれ担当してリズムのリレーをします。

❸ ワークシートに，自分でつくったリズムを書きます。

❹ 数人のグループをつくり，それぞれがつくったリズムを，つなげて演奏します。

2 準備

体験：「12　打楽器で遊びましょう」（p.38）をこのワークの前に行っておくことをおすすめします。カスタネットやハンドドラムの奏法も学習しておきましょう。

教材：カスタネットやハンドドラムなど，残響音の少ない小型打楽器

3 学びやすい授業づくりのポイント

①**学習の流れ❶**では「先生の手拍子をまねっこしてね」といって，まずは「たん・たん・たん・うん」のリズムからスタートします。4拍目を休符にし，そこで「ハイ」と音頭をとると，スムーズに活動に入っていけます。まずは4分・2分音符主体のリズムからスタートし，徐々に8分音符を含ませたり，4拍目に音を入れたりと，難易度を上げましょう。

②**学習の流れ❷**では，児童数名に立候補させ，彼らとその他の児童が向かい合うように環境構成します。リーダーA→模倣→リーダーB→模倣，と途切れることなく4拍子のリズムがつづくようにします。

③**学習の流れ❸**では，リズムをひらがなやカタカナで記入しましょう。このワークでは，音価を正しく書くことや，音符を読むことは重視せず，リズムをつくって演奏したという達成感を味わえるように，活動を展開することで，次なる学習への動機付けをねらいます。

④**学習の流れ❹**でリズムをつなげて演奏するときには，異なる楽器を用いることで，音楽に変化を生じさせることができます。教師は，「EさんとFさんのリズムをつなげると，だんだん音が増えていって面白いね」などと児童の作品を意味づけることで，リズムのよさや面白さに児童が気付けるように促します。

（森 薫）

音楽づくり／1年

だがっきでおんがくをつくり、つなげましょう

<u>　ねん　　くみ　なまえ　　　　　　　　　　　　　　　　　　　</u>

１ タン、ウン、タタなどをつかって、リズムをつくりましょう。
おともだちがつくったリズムもかきましょう。

	つくった人	リズム			
れい	あやか	うん	たん	たた	たん
ア					
イ					
ウ					
エ					

２ つくったリズムをつなげてえんそうしましょう。

じゅんばん	うつリズム（ア・イ・ウ・エ）	うつがっき
１		
２		
３		
４		

ひものわっかがついているほうを、下にしてね!!

カスタネット

３ かんそうをかきましょう。

19 鍵盤ハーモニカで音楽をつくりましょう ——ドレミ編

📖 授業の特徴	ドレミを使って音楽づくりをします。リズムと旋律をつくることを考えます。
📄 ワークシートで身に付く主な力	・即興的にドレミで4拍分の旋律をつくる力【技】
🎵 学習指導要領	A表現 (3) 音楽づくりア(ア), イ(ア), ウ(ア), 〔共通事項〕(1)ア, イ
🧩 要素	音色, リズム, 旋律, 拍

1 学習の流れ

❶ たん・たた・たん・うんのリズムにドレミを当てはめて自分のドレミを4拍分つくります。 ▶ **❷** 4拍のリズムをいくつか手拍子で打って, リズムパターンを学びます。 ▶ **❸** 4拍のリズムと当てはめるドレミを考えて, 音楽をつくります。お友達同士で演奏して, まねっこをします。 ▶ **❹** グループごとにつくった音楽をつなげたり, クラスのみんなの前で発表したりします。

2 準備

体験：ドレミを鍵盤ハーモニカで吹けるようにしておきます。「たん・たた・たん・うん」のリズムを手拍子で打つことができ, たんとたたが同じ1拍分であることを理解しておきます。

教材：児童1人1台の鍵盤ハーモニカを用意します。右のような4分音符（たん）, 8分音符（たた）, 4分休符（うん）の音符と休符のカードを必要に応じて用意します。

3 学びやすい授業づくりのポイント

①4拍分のリズムは, これまでに学習した曲に出てきたリズムを復習してもよいでしょう。リズムの理解が難しい場合には, 4分音符と8分音符, 4分休符を印刷したカードを用意して, 1拍分とそれぞれの音符の長さの関係を見せるとよいと思います。

②お友達同士でつくった音楽をまねっこすることにより, 聴いて演奏する力を養い, 自分がつくった作品とは違う音楽を知ることにつながります。グループで活動をするときも, お友達がつくった音楽を知った上で, つなげる順番を考えたりすることができると思います。4人のグループでつなげれば16拍分の音楽になります。必要に応じて最初と最後の4拍を教師がつくっておいてもよいでしょう。

③つくるのが難しい児童には, 最初にリズムを考えてから音を当てはめるなど, 1つずつ進めるようにしたり, リズムのパターンを示したりするとよいと思います。

(森尻 有貴)

音楽づくり／1年

けんばんハーモニカでおんがくをつくりましょう
——ドレミへん

ねん　くみ　なまえ

1 たん・たた・たん・(うん) のリズムに　ドレミをあてはめて、おんがく
を　つくってみましょう。
えらんだおとに○をつけて　けんばんハーモニカで　ふいてみましょう。

	1 ♩	2 ♫		3 ♩	4 𝄽
リズム	たん	た	た	たん	(うん)
おと	ミ	ミ	ミ	ミ	(うん)
	レ	レ	レ	レ	
	ド	ド	ド	ド	

2 リズムと、ふく音 (ドレミ) をえらんで　おんがくをつくってみましょう。
ぜんぶで　4はくぶんになるように　つくりましょう。

れい:	1	2	3	4
リズム	た　　た	た　　ん	た　　ん	(う　　ん)
おと	ド　　ミ	レ	ド	(う　　ん)

1つめ	1	2	3	4
リズム				
おと				

2つめ	1	2	3	4
リズム				
おと				

●と○でリズムをつくって，みんなで打ちましょう

授業の特徴 音を出す拍を●にして８拍のリズムをつくり，打ってほしい体の部分も考えます。大画面でお友達と一緒に打ちます。

ワークシートで身に付く主な力
・色々なリズムや音の面白さに気付く力【知】
・即興的に「たん」「うん」を組み合わせてリズムをつくる力【技】
・自分のリズムの音をどのように表現したら楽しくなるかを考える力【思判表】

学習指導要領 A表現 (3) 音楽づくり ア(ア)，イ(ア)，ウ(ア)，〔共通事項〕(1)ア

要素 音色，リズム，拍

1 学習の流れ

❶ ●で打ち，○で休むルールを思い出します。 ▶ **❷** 打ちたい拍を●にして，８拍のリズムをつくります。 ▶ **❸** 体のどこで打ってほしいかを選びます。 ▶ **❹** 大画面に写して，一人ひとりの作品をみんなで打ちます。

2 準備

体験：① 「たんたんたんうん」のリズムを拍の流れにのって打ったり，「いーるーか　うん」「かぶとむし　うん」のように言葉をリズムよく唱えたりする体験をしておきます。

② ●で打ち，○で休むルールで色々な４拍や８拍のリズムを拍の流れにのって打つ体験をしておきます。

教材：書画カメラと大画面を準備します。必要に応じて黒丸のシールも用意します。

3 学びやすい授業づくりのポイント

①**ワークシート■**は，復習です。教師がお手本を示して児童がまねをしたり，**ワークシート**を大画面に映して●と○を示して，児童が唱えたり打ったりするとよいでしょう。

②**ワークシート❷**は，打ちたいところを児童が塗ってオリジナルリズムをつくるところです。一人ひとりとやりとりしたい場合は，黒丸のシールを用意しておきます。児童が「たんうんたんたん｜たんたんうんたん」にしたい等を教師に伝えて，教師と児童が一緒に貼るところを確認し，児童がシールを貼って「●○●●｜●●○●」と完成させるとよいでしょう。

③**ワークシート❸**は，自分のリズムを他の児童にどのように演奏してほしいかを考えるところです。考える際に，■の①と②をみんなで色々試す活動を入れると考えやすくなります。そして，児童一人ひとりの作品を大画面に映し，みんなで打って楽しみます。自分のつくったリズムと考えた音色でお友達が演奏してくれるのは，とても嬉しい学習活動となります。

④**ワークシート❹**は，短くてよいので，振り返って楽しさを言葉にできるよう促しましょう。

（酒井美恵子）

●と〇でリズムをつくって、みんなでうちましょう

ねん　　くみ　なまえ

1　ふくしゅうをしましょう。

①●を「たん」、〇を「うん」ととなえましょう。

たん　　たん　　たん　　うん　　たん　　うん　　たん　　うん

●　●　●　〇　｜　●　〇　●　〇

②●を手でうち、〇をお休みしましょう。

●　〇　●　〇　｜　●　●　●　〇

2　うちたいところを●にして、すきなリズムをつくりましょう。

〇　〇　〇　〇　｜　〇　〇　〇　〇

3　おともだちに　●をどこでうってほしいか、えらびましょう。

手　　　　　　あし　　　　　　ひざ　　　　　　じゆうにえらんで

4　きょうのおべんきょうで、おもしろかったことをかきましょう。

㉑ 声で音楽をつくりましょう
──虫の鳴き声

🖥️ 授業の特徴 子供が創造性を発揮して，実際の虫の声に合ったオノマトペの表現を用いながら，虫の様子を即興的に表現します。

📄 ワークシートで身に付く主な力 ・様々な声の表現の面白さに気付く力【知】

🎵 学習指導要領 A表現 (3) 音楽づくりア(ｱ)，イ(ｱ)，ウ(ｱ)，〔共通事項〕(1)ｱ

✿ 要素 強弱，速度，呼びかけとこたえ

1 学習の流れ

❶ 「虫のこえ」に登場する虫の鳴き声を聴き，「本当はどう聴こえるか」を話し合います。

❷ ❶に加えて２種類の虫の鳴き声を聴き，それぞれをオノマトペにします。

❸ 合計７種類の虫グループに分かれます。同じ虫ごとに集まりましょう。

❹ 教師が様々な虫が登場するストーリーをつくって語ります。子供はそれに合わせて鳴き声を表現します。

2 準備

体験：「7　虫の鳴き声の様子に合った歌声で『虫のこえ』を歌いましょう」（p.26），「17　声で音楽をつくりましょう─身の回りの音」（p.50）をこのワークの前に行っておくことをおすすめします。

教材：**ワークシート**を拡大印刷した模造紙，虫の声の音源

3 学びやすい授業づくりのポイント

①**学習の流れ❶**，**❷**では，例えばマツムシの鳴き声を聴かせて「これ，本当にチンチロチンチロ…かな？　どう聴こえる？」と問いかけます。本書 p.50を経験した児童は，思い思いのオノマトペで表現するはずです。それを**ワークシート**に書きましょう。なお，**❷**の際に提示する虫としては，エゾツユムシやキンヒバリがおすすめです。

②**学習の流れ❸**では，好きな虫を１種選び，同じ虫を選んだ子供同士が集まって座ります。７グループできますね。虫ごとに集まったら「〇年×組ムシムシ楽団」の完成です。

③**学習の流れ❹**では，教師が７種の虫の登場する物語をかたり，児童は７種の虫になりきって，教師の語りに合わせて鳴き声を表現します。「ここは小学校の近くを流れる△△川の川原。夜になると，マツムシの声が小さく聴こえてきます」「あ，スズムシの声。その声がどんどん大きくなってきました」「キンヒバリとクツワムシが，合唱するように鳴いています」「突然虫たちが鳴きやみました」…そんなふうに，児童が声を大きくしたり小さくしたり，重ねたりして楽しみながら表現をできるように，ストーリーを工夫しましょう。

④発表し合った後は感想を書きましょう。短くてよいので，振り返って楽しさを言葉にできるように促しましょう。

(森 薫)

音楽づくり／2年

声で音楽をつくりましょう──虫の鳴き声

ねん　　くみ　なまえ

1　「虫のこえ」に出てくる虫の、本当の鳴き声をきいて、ことばにしてみましょう。

虫の名前	もとの歌し	本当の鳴き声
まつ虫	チンチロチンチロ…	
すず虫	リンリン…	
こおろぎ	キリキリキリキリ	
くつわむし	ガチャガチャガチャ…	
うまおい	チョンチョン…スイッチョン	

2　あなたがなりきった虫は、何でしたか。
　また、虫になりきってみて、おもしろかったことを書きましょう。

> あなたがなりきった虫…
>
>
>
>
> おもしろかったこと…

22 打楽器で「お話」をするように音楽をつくりましょう

💻 **授業の特徴**	色々な打楽器の音色に親しみながら，即興的なリズムづくりとそのやり取りを楽しむ授業です。
📄 **身に付く主な力**	・リズムのお話の面白さに気付く力【知】 ・4拍や8拍のまとまりの中で即興的に呼びかけとこたえで表現する力【技】 ・手拍子や楽器のリズム問答から音楽づくりを発想する力【思判表】
🎓 **学習指導要領**	A表現 (3) 音楽づくり ア(ア)，イ(ア)，ウ(ア)，〔共通事項〕(1)ア
🌸 **要素**	音色，リズム，呼びかけとこたえ

1 学習の流れ

❶ 手拍子をしながら「あなたのおなまえ何ですか」のゲームをします。 ▶ **❷** 4拍のリズムによる「お話」のやり取りを，手拍子で行います。 ▶ **❸** 今日の気持ちに合った打楽器を選んで，4拍の「お話」，さらに8拍の「お話」をします。 ▶ **❹** ピアノに合わせて，2人組になって4拍・8拍の「お話」をします。

2 準備

体験：「16 2種類の打楽器で遊びましょう」(p.46) や「18 打楽器で音楽をつくり，つなげましょう」(p.52) をこのワークの前に行っておくことをおすすめします。

教材：カスタネット，タンバリン，ハンドドラム，鈴，トライアングル等の小型の打楽器

3 学びやすい授業づくりのポイント

①「あなたのおなまえ何ですか」とは，4拍子の流れにのって，手拍子しながら会話をするゲームです。教師「あなたのおなまえ　何ですか（手拍子：♫♫♫♫｜♩♫♩♪）」児童「ぼくはえんどうたけとです（手拍子：♫♩♩♩｜♫♫♩♪）」，教師「きのうは何時に寝ましたか（♪♪♪♪♫｜♫♫♩♪）」…と会話をしていきます。複雑でない質問をたくさん用意しておきましょう。

②学習の流れ❷では，「今度は言葉を使わずに，手拍子だけでお話してみよう」と児童に伝え，4拍分のリズムの「お話」のやり取りをします。ここでは4拍が途切れずに進まなくてもよいこととします。

③学習の流れ❸では，打楽器を選んで子供同士でリズムのやり取りをします。「途中で止まらないように，できるだけ『お話』をながーく続けてみよう」と働きかけます。

④最後に，教師のピアノに合わせてリズムの「お話」のやり取りをします。p.61の伴奏例を参考にしてください。伴奏があることで，音楽に流れや推進力がうまれます。

（森 薫）

音楽づくり｜2年

リズムの「お話」伴奏例

　2人1組でリズムの「お話」をするときの，教師のピアノ伴奏例です。先に打つ人をAさん，後に打つ人をBさんとします。この伴奏を教師が続け，それにのって，2人1組になった子供たちがそれぞれにお話をくり広げます。

◆Aさんがリズムを打っているときの伴奏（4拍分）

・8拍の「お話」をするときは，これを2回くりかえします。

・これを4回繰り返すことでイントロになります。最後の4拍で「おはなしどうぞ！」と言うことで，子供たちがリズムを打つための予備となります。

◆Bさんがリズムを打っているときの伴奏（4拍分）

・8拍の「お話」をするときは，これを2回繰り返します。

・かなり遅い速度から始めて，徐々に上げていくと，子供たちが即興的なリズム打ちに慣れていきます。

◆終わりの和音

・最後は「おしまい〜」と言いながらこの和音を弾き，サステイン・ペダル（1番右側のペダル）を踏みましょう。アルペジオ（下から音をバラバラに弾く）にすると，音楽が「終わった」感じをより表現できます。

・リズムの「お話」のワークは，1回の授業でできるようになろうとするのではなく，毎回の授業の導入として数分ずつ行うと，子供たちが即興的な音楽づくりに慣れることができ，効果的です。

23 鍵盤ハーモニカで音楽をつくりましょう
──ドレミファソ編

💻 授業の特徴	ドレミファソを使って音楽づくりをします。リズムパターンを選び，音を当てはめて旋律をつくります。
📄 ワークシートで身に付く主な力	・ドレミファソの音で4拍のリズムと旋律をつくる力【技】 ・つくりたいリズムと旋律を考える力【思判表】
🎼 学習指導要領	A表現 (3) 音楽づくり ア(イ)，イ(イ)，ウ(イ)，〔共通事項〕(1)ア
✿ 要素	音色，リズム，旋律，拍

1 学習の流れ

❶ 決まったリズムの中で，ドレミファソの音を選んで旋律をつくって吹いてみます。

❷ 4拍の色々なリズムを打って，どんなリズムでつくることができるか考えます。

❸ 4拍分の旋律を，リズムと音（ドレミファソ）を考えてつくり，吹きます。

❹ お友達のつくった旋律を聴いて，その旋律を吹いてみたり，グループでつなげたり，クラスで発表したりします。

2 準備

体験：ゆっくりめの速度で，タタ・タタ・タタ・タンのリズムを打てるようにしておきます。

教材：児童1人1台の鍵盤ハーモニカを用意します。必要に応じて，ドレミファソの音名をそれぞれ書いたカードを数枚用意します。

3 学びやすい授業づくりのポイント

①4拍分のリズムは，これまでに学習したリズムを復習して，クラスでどんなリズムパターンが考えられるか意見を出し合っておくとよいでしょう。実際に手拍子で確認することも大切です。

②リズムと音の両方を同時に考えるのは難しいので，「タタ」と「タン」のリズムを組み合わせたリズムパターンをあらかじめ選択できるようにすると，スムーズにつくれると思います。必要に応じて，「19 同ドレミ編」（p.54）に掲載してある音符カードを活用し，リズムを組み合わせてみましょう。例）「タン・タタ・タタ・タン」「タタ・タン・タタ・タン」

③**ワークシートの❶**では，最初と最後の音が「ド」になっています。タタ・タタ・タタ・タンのリズムと音を考えて○で囲み，旋律をつくります。**ワークシート❷**では，リズムも考えてつくります。リズムパターンを提示しておくとよいでしょう。

④つくった音楽を，**ワークシート**を見ながらグループの人に吹いてもらうと，自分の音楽を人に演奏してもらう喜びを感じることができると思います。他の人がどんな音楽をつくったか，それは自分のつくったものとはどう違うのかを知ることも大切です。つくった作品を大画面に映して，みんなで演奏してみるとよいでしょう。

（森尻 有貴）

けんばんハーモニカでおんがくをつくりましょう
──ドレミファソへん

ねん　　くみ　なまえ

1 「タタ・タタ・タタ・タン」のリズムに「ドレミファソ」をあてはめて、音楽をつくります。えらんだ音を〇でかこみましょう。さいしょとさいごは「ド」の音です。

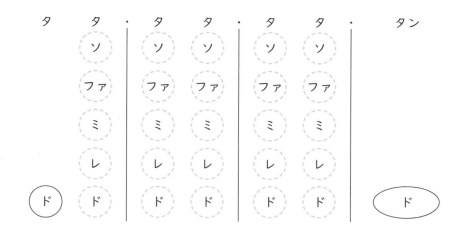

2 ドレミファソをつかって、音楽をつくってみましょう。リズムと音を考えてつくりましょう。

れい：

	1		2		3		4
リズム	タ	タ	タ	ン	タ	タ	タン
	ド	ミ	ソ		ファ	レ	ド

	1	2	3	4
リズム	タ			タン
	ド			ド

＊タンなら１つ、タタなら２つの音が、 │１つのはこ│ に入るよ！

63

お祭りの音楽をつくって みんなで楽しみましょう

授業の特徴 「ドンドコ」等の口唱歌とリズムカードを活用して，楽しいお祭りの太鼓の音楽をつくり大画面で作品を映してみんなで演奏して楽しみます。

ワークシートで身に付く主な力
・リズムのつなげ方の特徴に気付く力【知】
・リズムをつなげて簡単なお祭りの音楽をつくる力【技】
・お祭りらしいリズムを考える力【思判表】

学習指導要領 A表現 (3) 音楽づくり ア(イ)， イ(イ)， ウ(イ)，〔共通事項〕(1)ア

要素 音色,リズム,強弱,拍(大画面で友達の作品を見て机を打つときはA(2)イ(ア)も身に付きます。)

1 学習の流れ

❶ 教師の打つ和太鼓から，つくる音楽のイメージをもちます。

❷ 「ドンドコ」「ドドンコ」などの口唱歌に親しみます。

❸ 2拍ずつのカードを操作して，8拍のお祭りの音楽をつくります。

❹ 一緒に演奏したり，つなげて和太鼓を打ったりして楽しみます。

2 準備

体験：4分音符を「タン」，8分音符を「タ」と唱えながら，拍の流れにのってリズム譜を読む体験をしておきます。

教材：和太鼓1台と低学年の児童が持ちやすい，細めのバチを5セット程度用意します。2拍のリズムパターン7種類を児童数以上印刷して，カードにしておきます。

3 学びやすい授業づくりのポイント

①教師が和太鼓を叩き，「お祭りみたい！」等，日本らしい音色に気付くようにし，いつもは「♩タン」や「♫タタ」と唱えている音符を「ドン」や「ドコ」と唱えることを伝えます。

②**ワークシート1**では，教師が「①を2回打つから，ドンドンとその後まねしましょう」などと伝え，まねっこリズムのようにして，リズムの特徴を理解できるようにします。

③**ワークシート2**は，1のリズムパターンを切り離してカードにして手元で操作してリズム譜に仕上げます。同じパターンを複数使いたい児童のために，多めに用意しておきましょう。

④お祭りの音楽が仕上がったら，練習します。強弱の工夫も促します。

⑤大画面に作品を映し，つくった児童が和太鼓を，他の児童は机を打ちます。その後，和太鼓のバチをリレーして，児童全員が順番に演奏し，クラスの作品にします。

※つくったリズムをクラスでつなげて楽しむだけの場合は，自分が分かればよいので，**ワークシート2**の枠の中に，①③⑦②のように1の番号を書き込む方法でもよいですし，枠の中に「どんどん」「どこどこ」などと書く方法でも大丈夫です。

⑥上手にできたことや楽しかったことを振り返って言語化するよう促します。

(酒井 美恵子)

おまつりの音楽をつくってみんなで楽しみましょう

ねん　くみ　なまえ

1　先生のたいこに合わせて、つぎのリズムをとなえましょう。

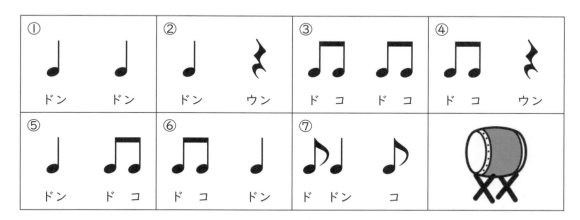

2　①から⑦のカードをすきなように組み合わせて、楽しいおまつりの音楽を
つくりましょう。

3　①「ドンドコ」などをとなえながらつくったリズムをうつれんしゅうをしましょう。
　　②じょうずになったら、すきな強さでうってみましょう。

4　今日のべんきょうで、じょうずにできたことや楽しかったことを書きましょう。

低学年の情報活用能力の育成

① 新学習指導要領における「情報活用能力」

　新学習指導要領（平成29年告示）では「学習の基盤となる資質・能力」として，「言語能力」「情報活用能力（情報モラルを含む）」「問題発見・解決能力」が示されました。『小学校学習指導要領（平成29年告示）解説　総則編』において，情報活用能力は「世の中の様々な事象を情報とその結び付きとして捉え，情報及び情報技術を適切かつ効果的に活用して，問題を発見・解決したり自分の考えを形成したりしていくために必要な資質・能力」とされています。つまり，単なる ICT の活用や，コンピュータプログラミングの技能の習得を目指すものではないといえます。授業の構築にあたっては，①課題の設定，②情報の収集，③整理・分析，④まとめ・表現，のプロセスを意識するとよいでしょう。いわゆるプログラミング的思考の育成につながります。また，情報活用能力はカリキュラム・マネジメントの観点から，教科等や学年で意図的，計画的に行うことが求められています。音楽科はもちろん，他教科や特別活動，総合的な学習の時間などとの関連付けを図ることも大切です。

② 低学年で求められる情報活用能力－音楽の授業の場合－

　低学年では，身近なところから様々な情報を収集し，表現することがあげられます。「虫のこえ」の授業を，先述の①から④におきかえてみましょう。①「色々な虫の声で歌ってみよう」のように，課題を設定します。②虫の鳴き声を調べます。学校や家の周りで虫の声を見付けたり，生活科の「秋みつけ」と関連付けたりするとよいでしょう。デジタルカメラを使って写真や動画で記録しておくと，友達と共有したり，発表したりする際に活用することができます。また，インターネットで調べる体験を位置付けてもよいでしょう。③見つけた虫の声を，「チッチッチ」などの言葉（オノマトペ）で表します。④③で考えたオノマトペを取り入れて，「虫のこえ」を歌いましょう。デジタルカメラで撮影した動画や写真を大画面モニターに映して説明する活動を取り入れてもよいですね。

　また，虫に限らず，「動物の声」や「風の音」など，身近なものを題材にすると，さらに楽しい活動ができます。見つけた音を組み合わせて，お話をつくる活動なども情報活用能力育成のためによいでしょう。

（城 佳世）

参考文献
・文部科学省（2018）『小学校学習指導要領（平成29年告示）解説　総則編』東洋館出版社
・文部科学省（2018）『情報活用能力を育成するためのカリキュラム・マネジメントの在り方と授業デザイン』

鑑　賞

25 「さんぽ」を楽しみましょう

授業の特徴 「さんぽ」の拍にあわせて動いたり，曲の一部を鍵盤ハーモニカで演奏したりして，「さんぽ」のよさを味わいます。

ワークシートで身に付く主な力 ・「さんぽ」の楽しさを見いだして味わって聴く力【思判表】

学習指導要領 B鑑賞 (1)ア，イ，〔共通事項〕(1)ア

要素 音色，リズム，旋律

1 学習の流れ

❶ 「さんぽ」に合わせて，動き，感じたことを自由に書きます。 ▶ **❷** 聴きながら曲の最後の「ソッソラッ，シッ，ドー」を鍵盤ハーモニカで吹きます。 ▶ **❸** 歩いたり，聴きながら鍵盤ハーモニカを吹いたりして味わった楽しさを言葉にします。

2 準備

活動：①「さんぽ」の歌を歌ったり，音楽に合わせて動いたりする体験をしておきます。

②鍵盤ハーモニカで，1，2，3，4の指で演奏する経験をしておきましょう。

教材：「さんぽ」の教科書準拠のCD（表現のCDを使いましょう。鑑賞用のCDでは，途中ハ長調から嬰ハ長調に転調しているものがあります）。鍵盤ハーモニカの他，教師の鍵盤ハーモニカを映す書画カメラと大画面もあると学びやすくなります。

3 学びやすい授業づくりのポイント

①**ワークシート❶**では，既習曲の「さんぽ」を聴きながら机の上を指で歩くまねをしたり，その場で立って拍にのって足踏みしたりして，感じたことを自由に書きます。アニメ映画のシーンを思い浮かべる児童もいるでしょうし，歌詞からイメージをもつ児童もいると思います。児童が発言したり，教師が**ワークシート**を紹介したりして，楽しい気分を共有しましょう。

②鍵盤ハーモニカを用意して，3つの高さのソラシドを確認します。教師の大画面に映した演奏をまねっこしましょう。「ソーラシドー」や「ソソラシドー」などから，「ソッソラ，シッ，ドー」と「さんぽ」の最後の部分が吹けるようにします。**ワークシート❷**では，「さんぽ」を自分が合うと思う好きな高さで吹くように促し，CDを聴きながら吹きます。全員で，楽しく歌に合わせて鍵盤ハーモニカが吹けたら，ほめて鍵盤ハーモニカを片付けます。

③**ワークシート❸**では，聴いたり，動いたり，一緒に鍵盤ハーモニカを演奏したりしたことを振り返り，「さんぽ」の楽しさを言葉にします。ここでも児童の発言や教師による内容の紹介などで，楽しさを共有しましょう。

(味府 美香)

参考文献
・阪井恵・酒井美恵子（2017）『音楽授業でアクティブ・ラーニング！子ども熱中の鑑賞タイム』明治図書

「さんぽ」をたのしみましょう

ねん　くみ　なまえ

1 「さんぽ」にあわせて、つくえの上を　ゆびであるくまねをしたり、あし
ぶみしたりしましょう。

> 「さんぽ」をきいて、かんじたことをかきましょう。

2 「さんぽ」をききながら、けんばんハーモニカを　たのしくふきましょう。
どこのたかさが　きょくにあいますか。

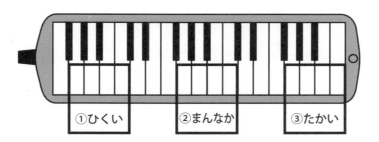

①ひくい　②まんなか　③たかい

いちばんの「くだりっ、みっ、ちー」
にばんの　「まがりっ、みっ、ちー」
さんばんの「うれしっ、いっ、なー」を
「そっそらっ、しっ、どー」とふきます。

3 「さんぽ」のたのしさを　かきましょう。

26 ジェンカのリズムに合わせて 楽しみましょう

授業の特徴 ジェンカのリズム（♩ ♬ ♩ ♬ ｜ ♩ ♩ ♩ ♬）にのって体を動かしながら音楽を
楽しみます。

ワークシートで身に付く主な力
・曲想とリズム・パターンとの関わりに気付く力【知】
・リズム・パターンに合った体の動きを考え，音楽の楽しさを見いだして聴く力【思判表】

学習指導要領 B鑑賞 (1)ｱ，ｲ，〔共通事項〕(1)ｱ

要素 リズム，反復

1 学習の流れ

❶ 「しろくまのジェンカ」に合わせて（♩ ♬ ♩ ♬ ｜ ♩ ♩ ♩ ♬）のリズムを打ちます。

❷ 「しろくまのジェンカ」のリズムに合う動きを考えて楽しみます。

❸ 「ジェンカ」を聴き，考えた動きを合わせてみて，同じリズム・パターンであることに気付きます。

❹ 「しろくまのジェンカ」や「ジェンカ」に合わせて考えた動きをつなげて楽しみます。

2 準備

体験：「たん」（♩）と「うん」（♬）を見て，リズムを打つ体験やリズム遊びをしておきます。
　　　フォークダンスの「ジェンカ」を踊った体験があるとよりよいと思います。

教材：「しろくまのジェンカ」と「ジェンカ」の音源。書画カメラと大画面。

3 学びやすい授業づくりのポイント

①**ワークシート❶**は，「たん」「うん」を見て，手でリズム打ちをしてから，「しろくまのジェンカ」に合わせるとうまくいきます。

②**ワークシート❷**では，3種類例示しました。「例1」は手遊びふうで，休符はポーズをします。「例2」は2人組でリズムに合わせてつないだ手を交互に前と後ろに動かします。「例3」はみんなで手をつないでカニさん歩きふうです。休符は足を閉じます。8拍動いたら逆方向へ歩きます。これらの活動を体験してから，ペアやグループでオリジナルの動きを考える流れが考えやすいと思います。

③**ワークシート❸**では，フォークダンスの「ジェンカ」に合わせて，自分たちがつくった動きを合わせ，「しろくまのジェンカ」とフォークダンスの「ジェンカ」のリズム・パターンが同じことに気付きます。フォークダンスの「ジェンカ」はやや速度が速いので，速度にのれないような動きをつくった子供たちがいる場合には，「『ジェンカ』に合わせて〇〇グループの動きで試してみましょう」と促し，動きやすいグループを採用しましょう。

④**ワークシート❹**では，ジェンカのリズムに合わせて動くことの楽しさを発表し，教師が板書するか書画カメラに映している手元の紙に書き留めて，みんなで共有できるようにします。

（味府 美香）

ジェンカのリズムにあわせてたのしみましょう

ねん　くみ　なまえ

1 「しろくまのジェンカ」にあわせて、リズムをうちましょう。

2 リズムにあう　うごきを、いろいろためしてみましょう。

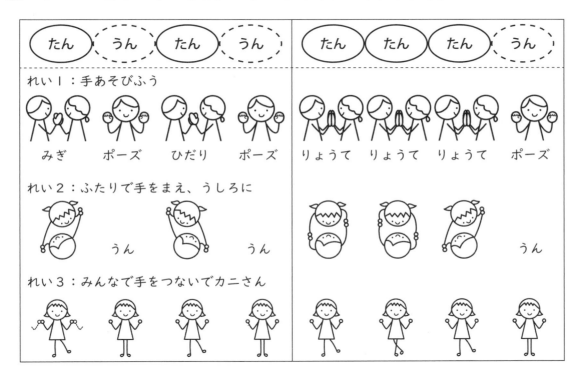

3 「ジェンカ」をききながら、**2**でかんがえたうごきを　あわせてみましょう。
あいましたか。あいませんでしたか。

4 「ジェンカ」のリズムにあわせてうごいて、どんなことが　たのしかった
か、はっぴょうしましょう。

27 「おどるこねこ」を楽しみましょう

- **授業の特徴** 「おどるこねこ」の色々な音を楽しみ，同じねこの音楽の「ねこの二重唱」（伝ロッシーニ曲）の面白さを味わいます。
- **ワークシートで身に付く主な力** ・曲想と音楽の構造との関わりに気付く力【知】
  ・曲や演奏の楽しさを見いだして曲全体を味わって聴く力【思判表】
- **学習指導要領** B鑑賞 (1)ア，イ，〔共通事項〕(1)ア
- **要素** 音色，フレーズ，反復，呼びかけとこたえ

1 学習の流れ

❶ 曲のはじめの部分を聴いて，何の動物の曲か考えます。

❷ ねこの鳴き声を聴き取り，鳴き声が呼びかけとこたえになっていることに気付きます。

❸ 音源のねこの鳴き声（呼びかけ）にこたえて声を出したりポーズを考えて試します。

❹ 最後に出てくる犬が何をしているのかを考え，それによって音楽がどう変わるのかを考えます。

❺ 「ねこの二重唱」も楽しみます。

2 準備

教材：**ワークシート**を映す書画カメラと大画面，スライドホイッスル，ラストに犬の鳴き声の入った「おどるねこ」及び「ねこの二重唱」の音源。

3 学びやすい授業づくりのポイント

①**ワークシート１**では，曲のはじめの部分を聴いて，何の動物かを考えます。この段階では，違う動物が出ても間違いではなく，なぜそう思ったのかの理由を確認してほめましょう。

②**ワークシート２**では，曲の中にねこの鳴き声が模されていることなどを教師の解説によって知ります。ねこの鳴き声に着目をして聴き，呼びかけとこたえに気付かせましょう。

③**ワークシート３**は，曲の呼びかけとこたえ部分に自分で考えたポーズを試しましょう。

④**ワークシート４**は，A－B－A'のB（なか）部分のホイッスルに着目して聴きます。

⑤**ワークシート５**は，犬の鳴き声によって音楽が速くなっていることに気付かせましょう。また，A－B－A'と音楽が変化することに気付き，音楽全体を楽しみましょう。

⑥もう１曲は伝ロッシーニ（イタリア 1792－1868）の「ねこの二重唱」です。声楽家による色々なねこの鳴き声や音楽のやり取りを聴いて楽しみましょう。

（味府 美香）

「おどるこ〇〇」をたのしみましょう

<u>　ねん　　くみ　なまえ　　　　　　　　　　　　　　　</u>

1　これから、どうぶつのおんがくを　ききます。

①下の３つのどうぶつの、どのおんがくだと　おもいますか。なまえをかこみましょう。

②どうして　そうおもったのかも、おしえてください。

```
りゅう

```

2　「こ〇〇」のおんがくだということが　わかりました。それでは、なきごえにちゃく目して、きいてみましょう。おんがくをきいてから、きづいたことを　はつげんしましょう。

3　（はじめ）おんがくに合わせて、なきごえがきこえたら、なきごえにあうポーズをしながら、それにこたえてみましょう。

4　（なか）ホイッスルの「ぴゅっ」は　どのようなようすだと　おもいますか。おんがくをきいてから、おもったことを、はつげんしましょう。

5　（おわり）なきごえのおんがくのなかに、いぬのこえがきこえます。どのようなようすだとおもいますか。また、それによって、おんがくはどうかわりましたか。おもったことを　はつげんしましょう。

★もう１きょく、「〇〇」のおんがくを　たのしみましょう。

```
きがついたこと、おもしろいとおもったことを、じゆうにはつげんしましょう。



```

28 「シンコペーテッドクロック」──ウッドブロックとトライアングルの音に気を付けて聴きましょう

📖 授業の特徴 「シンコペーテッドクロック」のウッドブロックとトライアングルの音に着目して聴きます。

📄 ワークシートで身に付く主な力
・曲想とリズムや音色との関わりに気付く力【知】
・曲の楽しさを見いだし，曲全体を味わって聴く力【思判表】

🔖 学習指導要領 B鑑賞 (1)ア，イ，〔共通事項〕(1)ア

✚ 要素 音色，リズム，拍，反復，変化

1 学習の流れ

❶ 時計の秒針に合わせて両手で机などを打ちます。

❷ 教師の打つウッドブロックに合わせて，曲に出てくるリズムに親しむための言葉を唱えます。

❸ 「シンコペーテッドクロック」のウッドブロックのリズムが，唱えた言葉と同じであることと，4小節目が面白いリズムであることに気付きます。

❹ 中間部に出てくるトライアングルの音色が目覚まし時計の音であることに気付き，動いたり考えたりして楽しさを見いだします。

2 準備

教材：大画面に時計を映し，時計の秒針に合わせて手拍子や机などが打てるようにします。ウッドブロック（必要に応じてウッドブロックやトライアングルが見やすい演奏の映像）を用意します。

3 学びやすい授業づくりのポイント

①「シンコペーテッドクロック」は，はじめの部分の主旋律とともに，4小節ひとまとまりでウッドブロックがリズムを奏でます。その4小節目にシンコペーションを聴き取ることができます。**ワークシート❶**の前に**学習の流れ❶**を行います。そして，**ワークシート❶**では，教師のウッドブロックの音に合わせて，**ワークシート**にある言葉を唱えます。

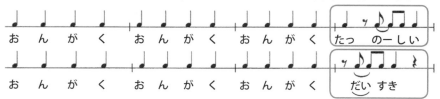

②**ワークシート❷**では，「シンコペーテッドクロック」のウッドブロックの音が聴き取りやすくなっていますので，唱えた言葉と同じリズムであることや，秒針を表しているのに，「たっのーしい」と「（ウ）だいすき（ウン）」は，秒針とズレて面白いことに気付きます。

③**ワークシート❹**では，トライアングルの音が目覚まし時計のアラーム音であることに気付き，**❺**の活動を通して，**❻**で見いだした曲の楽しさを言語化できるように促します。

(味府 美香)

「シンコペーテッドクロック」
──ウッドブロックとトライアングルの音に気をつけてききましょう

ねん　　くみ　なまえ

1　せんせいのウッドブロックにあわせて、つぎのことばをとなえましょう。

1 ♥ ♥ ♥ ♥ お　ん　が　く	2 ♥ ♥ ♥ ♥ お　ん　が　く	3 ♥ ♥ ♥ ♥ お　ん　が　く	4 ♥ ♥ ♥ ♥ たっ　　のーしい
1 ♥ ♥ ♥ ♥ お　ん　が　く	2 ♥ ♥ ♥ お　ん　が　く	3 ♥ ♥ ♥ ♥ お　ん　が　く	4 ♥ ♥ ♥ ♥ (う) だい　すき (うん)

2　「シンコペーテッドクロック」の　ウッドブロックの音は、びょうしんを
あらわしています。気づいたことを　かきましょう。

3　「シンコペーテッドクロック」をききながら、ウッドブロックのリズムを
手びょうしで　うってみましょう。

4　きょくのとちゅうに出てくるトライアングルは、なにをあらわした音でし
ょう。

_____

5　ウッドブロックの音にあわせて、手びょうしをたたいたり、トライアング
ルの音を　ならすまねをしたり、音にあわせて　からだをうごかしたりし
ながら、ききましょう。

6　「シンコペーテッドクロック」ぜんたいをきいて、このきょくの　たのし
いところを　かきましょう。

29 「ドレミの歌」の楽しさを 味わいましょう

🖥 **授業の特徴**　「ドレミの歌」の映像を見たり歌ったり動いたりしながら，曲の楽しさを見いだします。

📄 **ワークシートで 身に付く主な力**
- 「ドレミの歌」の曲想と，音楽的な特徴や場面との関わりに気付く力【知】
- 「ドレミの歌」の楽しさを見いだし味わって聴く力【思判表】

🎓 **学習指導要領**　B鑑賞 (1)⑦，⑦，〔共通事項〕(1)⑦

🧩 **要素**　旋律，音階（ドレミファソラシド），呼びかけとこたえ

1 学習の流れ

❶ ボディサインをしながら「ドレミの歌」を歌う復習をします。

▶

❷ 「ドレミの歌」の場面を映像で見て，どのような場面か気付いたことや感じ取ったことを書きます。

▶

❸ 「ドレミの歌」を歌いながら歩いたり，ボディサインをしながら登場人物になったつもりで歩きながら歌ったりします。

▶

❹ 「ドレミの歌」の楽しさを言葉にします。

2 準備

体験：ボディサインをして「ドレミの歌」を歌う体験をしておきます。

教材：YouTube「20世紀フォックスホームエンターテイメント」が公開している「サウンド・オブ・ミュージック」製作50周年記念吹き替え版（歌：平原綾香）がお勧めです。6分弱で，繰り返し視聴しやすい長さです。再生するためのPCやタブレットと大画面，あるいは電子黒板も用意します。

動画QR

教室：動きやすい安全なスペースで行いましょう。机と椅子を置かない場合はクリップボードに鉛筆と**ワークシート**をあらかじめ挟んで渡せるようにしておきます。

3 学びやすい授業づくりのポイント

①**ワークシート１**では，復習としてボディサインをしながら「ドレミの歌」を歌います。教科書にドレミの振りや動きが載っています。

②**ワークシート２**では，「ドレミの歌」が歌われる場面であることを紹介しましょう。マリアが子供たちに歌を教える場面であることや「歌のはじめはドレミ」，ドレミは「歌をつくるための道具」と言っていることなどに気付き，登場人物や場面の楽しさを感じ取ります。

③**ワークシート**の**３**と**４**は映像の1分48秒あたりから2分17秒あたりの「ソド」までの部分を繰り返し歌いながら歩いたり，ボディサインをしながら歌って歩いたりします。**３**と**４**は両方の活動を終えてから，振り返るとよいと思います。全員が「たのしくできた」に○ができるよう，何度も楽しく活動しましょう。

④**ワークシート５**では，再度映像を見て，「ドレミの歌」の楽しさを言語化します。（味府 美香）

参考文献
・阪井恵・酒井美恵子（2017）『音楽授業でアクティブ・ラーニング！子ども熱中の鑑賞タイム』明治図書

「ドレミの歌」の楽しさをあじわいましょう

<u>　　ねん　　くみ　なまえ　　　　　　　　　　　　　</u>

1　（ふくしゅう）
ボディサインをしながら「ドレミの歌」を歌いましょう。

たのしくできた　　　ちょっとまよった

2　「ドレミの歌」のえいぞうを見て、気づいたことやかんじとったことを書いてみましょう。

> どんな場めんですか。

3　「ドレミの歌」を歌いながら、はくにのって歩きましょう。

たのしくできた　　　ちょっとまよった

4　（とうじょうにんぶつになったつもりで！）
ボディサインをしながら「ドレミの歌」を歌って、歩きましょう。

たのしくできた　　　ちょっとまよった

5　「ドレミの歌」のよさや楽しさを書きましょう。

30 色々な音を楽しみながら「そりすべり」を聴きましょう

授業の特徴 スレイベルやウッドブロック，スラップスティックなどが表す情景を思い浮かべて「そりすべり」を楽しく聴きます。

ワークシートで身に付く主な力
・曲想と，楽器の音色やリズムとの関わりに気付く力【知】
・曲の楽しさを見いだし，曲全体を味わって聴く力【思判表】

学習指導要領 B鑑賞 (1)ア，イ，〔共通事項〕(1)ア

要素 音色，リズム，旋律，反復

1 学習の流れ

❶ 曲の中でずっと鳴っているスレイベルに気付き，どのような感じがするかを考えます。

❷ ウッドブロックやスラップスティックの音を手掛かりに，そりを引いているのが馬であることに気付きます。

❸ 3つの部分で気に入ったことを見つけます。それをもとに，紹介文を書きます。

2 曲の解説

作曲者のアンダーソン（アメリカ 1908 – 1975）の居住地は馬そりレースがさかんだったそうです。「そりすべり（Sleigh Ride）」は，クリスマスの定番曲として知られ，「Sleigh」は「そり」という意味です。A–B–A' の形式で書かれ，色々な音が聴こえてくる楽しい曲です。

3 準備

教材：「そりすべり」の音源。**ワークシート❶**と**❷**に記入する前に，スレイベル，トライアングル，小太鼓，ウッドブロックなどの実際の楽器の音を聴くと効果的です。

4 学びやすい授業づくりのポイント

①**ワークシート❶**では，曲中，スレイベルがずっと鳴っていることに気付き，どのような感じがするかを書いたり発言したりします。「クリスマスの感じ」「そりに付いているベル」など，曲想や音色に関わった発言が出たらすてきです。

②**ワークシート❷**では，ウッドブロックによる馬の足音やスラップスティックによるムチの音等からそりを引いている動物が馬であることに気付きます。

③**ワークシート❸**では，A（はじめ）－B（なか）－A'（おわり）に分けてお気に入りの音を見つけます。Bは馬に関わる様々な音がたくさんあり，またA'はAより華やかで，最後にはトランペットによる馬のいななきを模した音が入ります。

④**ワークシート❹**は，話型を用いて紹介文を書きます。記述例「『そりすべり』というきょくは，<u>クリスマスにききたくなるきょく</u>です。わたしがとくに気に入ったのは，<u>ずっとなっているスレイベルと馬のなき声</u>です。」

（味府 美香）

いろいろな音を楽しみながら「そりすべり」をききましょう

<u>　　ねん　　くみ　なまえ　　　　　　　　　　　　　　　　　　</u>

1 このきょくでずっとなっているすずのような音は何でしょう。楽きに○を
つけてみましょう。どんなかんじがする音かもおしえてください。

① 　　　② 　　　③

　　　スレイベル　　　　　　　トライアングル　　　　　　　こだいこ

どんな感じがしますか。

2 「そりすべり」のそりをひいているどうぶつは何でしょう。どうぶつに○
をつけてみましょう。どうしてそう思ったのかもおしえてください。

① 　　　② 　　　③

　　　うま　　　　　　　　　　うし　　　　　　　　　　いぬ

どうしてそう思いましたか。

3 このきょくを３つのぶぶんにわけて、きいてみましょう。気に入ったこと
を書きましょう。

はじめ	なか	おわり

4 「そりすべり」をお友だちにしょうかいしましょう。

「そりすべり」というきょくは　　　　　　　　　　　　　　　　　　です。

わたしがとくに気に入ったのは　　　　　　　　　　　　　　　　　　です。

「マンボ No.5」のリズムにのって楽しみましょう

31

🖥 **授業の特徴**	「マンボ No.5」に合わせて，リズムにのって音楽を楽しみます。	
📄 **ワークシートで身に付く主な力**	・曲想と，音楽的な特徴（マンボのリズム，かけ声など）との関わりに気付く力【知】 ・演奏の楽しさを見いだす力【思判表】	
🎓 **学習指導要領**	B鑑賞 (1)ア，イ，〔共通事項〕(1)ア	
🧩 **要素**	リズム，反復，呼びかけとこたえ	

1　学習の流れ

❶「マンボ No.5」のカッコいいところを見つけます。 ➡ ❷歌の一部を一緒に歌って楽しみます。 ➡ ❸かけ声の「アーー」を合図に「フゥ！」を一緒に言って楽しみます。 ➡ ❹マンボステップをしながら，曲想に合う手のふりや体の動きを工夫し，❷と❸も一緒にできると一層楽しくなります。 ➡ ❺楽しかったことを書き留めます。

2　曲の解説

　作曲者のペレス・プラードは，ジャズの様式をキューバの音楽に取り入れて，マンボを生み出しました。「マンボ No.5」は，管楽器やラテン打楽器で華やかに演奏されます。また，かけ声や歌「Sí, sí, sí, yo quiero mambo mambo」（マンボ大好き）は，言ったり歌ったりして楽しみましょう。　キューバ系ラテン音楽では，クラーベと呼ばれるリズム・パターンが演奏全体に貫かれ，「マンボ No.5」は「2－3クラーベ ♩♩♩ ♩♩ 」の音楽です。言葉を合わせると簡単にリズムを味わえます（♩♩♩ ♩♩ (ウ)マンボ　いっしょに ）。

3　準備

教材：ペレス・プラード楽団の音源（教育出版の教科書準拠のCDにもあります）。

4　学びやすい授業づくりのポイント

①**ワークシート１**では，「マンボ No.5」を聴いて，聴こえてきた音や，声，リズムの感じなどを子供たちに自由に発言させます。

②**ワークシート２と３**は，出てくる歌やかけ声に合わせて一緒に声を出して楽しみます。教師がマンボやフゥ〜！で手を上げたり，体を動かしたりして声を出すタイミングを分かりやすく伝えましょう。

③**ワークシート４**は，マンボステップ体験です。前に足を出すときに重心を移動させるのがポイントです。ステップと歌のタイミングを示しました。歌詞は不要の際，消してください。

④**ワークシート６**で楽しかったことを言語化します。

（味府　美香）

「マンボ No.5」のリズムにのって楽しみましょう

<u>　ねん　　くみ　なまえ　</u>

1 「マンボ No.5」をきいて、カッコいいところをたくさん見つけましょう。

2 （いっしょに歌おう！）「マンボ No.5」に出てくるうたの「スィ スィ ス ィ ヨケーロ マンボ **マンボ**」の**マンボ**を元気よく歌ってみましょう。

歌えたら〇をつけましょう。　⬚

3 （いっしょに言おう！）「マンボ No.5」に出てくるかけ声の「アァ〜！」 「**フゥ〜！**」の**フゥ〜！**を元気よく言ってみましょう。

言えたら〇をつけましょう。　⬚

4 きょくに合わせてマンボステップをしてみましょう。

Sí,		sí,		sí,		yo	quiero
mam	bo		mam	bo			

5 マンボステップをしながら、カッコいい手のふりや体のうごきをくふうし てみましょう。**マンボやフゥ！**が言えたらさいこうですね。

6 楽しかったことを書きましょう。

81

32 情景を思い浮かべて聴きましょう
——「たまごのからをつけたひなどりのバレエ」

📱授業の特徴 「たまごのからをつけたひなどりのバレエ」をピアノ，オーケストラ，シンセサイザーで聴き比べます。

📄ワークシートで身に付く主な力
・ひなどりの様子と音楽的な特徴との関わりに気付く力【知】
・演奏の楽しさを見いだして味わって聴く力【思判表】

🎯学習指導要領 B鑑賞 (1)⑦, ⑥, 〔共通事項〕(1)⑦

🎛️要素 音色, リズム, 速度, 反復, 変化

1 学習の流れ

❶ ひなどりをイメージして動きます。

❷ ひなどりを思い浮かべながらピアノ，オーケストラ，シンセサイザーの演奏で聴きます。

❸ 一番ひなどりを思い浮かべやすかった演奏を選び，理由を考えて書きます。

❹ 児童の考えを取り上げ，何度も作品を聴くことで演奏の楽しさを味わいます。

2 準備

教室：ひなどりのつもりで動けるよう，安全な教室環境で行います。

教材：ムソルグスキー（ロシア 1839－1881）はピアノ作品として「展覧会の絵」を作曲しました。その原曲の音源，オーケストラの魔術師といわれるほど管弦楽法に長けていたラベル（フランス 1875－1937）が編曲したオーケストラ版の音源，そして冨田勲（1932－2016）があらゆる音をつくることができるシンセサイザーで編曲した音源を用意します。導入では，ひなどりをイメージできるイラストなどを大画面に映したり，黒板に貼ったりしましょう。冨田版を聴取する際に使用するネコ，ヒヨコ，ニワトリのイラストも用意します。

3 学びやすい授業づくりのポイント

①**ワークシート■**では，音楽を聴く前に，ひなどりをイメージできる画像などから動きを想像して，実際に動きます。イメージがあると，聴くときに様子を思い浮かべやすくなります。

②**ワークシート2**では，ひなどりを思い浮かべながらピアノ，オーケストラ，シンセサイザーで聴きます。ひなどりの画像を映したまま聴きましょう。シンセサイザーではネコとお母さんニワトリも出てきますので，ネコ，ヒヨコ，ニワトリの画像などを映しましょう。

③**ワークシート3**では，児童が考えた理由を肯定的に取り上げて，クラスで共有しましょう。70秒程度の短い曲なので，「○○さんはオーケストラを選びました。高くてちょこちょこした感じの楽器の音がしたから思い浮かべやすかったそうです。素敵ですね。みんなで聴いて確かめましょう」などと繰り返して聴き，演奏の楽しさを味わいます。

（酒井 美恵子）

参考文献
・阪井恵・酒井美恵子（2017）『音楽授業でアクティブ・ラーニング！子ども熱中の鑑賞タイム』明治図書

じょうけいを思いうかべてききましょう
──「たまごのからをつけたひなどりのバレエ」

ねん　くみ　なまえ

1 ひなどりがちょこちょこうごきまわるようすは、どのようだと思いますか。
ひなどりのつもりで、うごいてみましょう。

2 いろいろな音で、ひなどりのようすを思いうかべて、ききましょう。

①**ピアノ**でききましょう。

②「オーケストラのまじゅつし」といわれたラベルさんがアレンジした**オーケストラ**できき
ましょう。

③冨田勲さんがネコ、ヒヨコ、おかあさんニワトリをとうじょうさせるアレンジをした**シン
セサイザー**でききましょう。

3 ひなどりのようすを思いうかべやすかったのは、どれですか。〇をつけま
しょう。りゆうも書きましょう。

ピアノ　　　　オーケストラ　　　　シンセサイザー

りゆう

低学年の聴く力の育成

① 体を動かす活動を通して

　低学年の児童は，音楽を感覚的に捉える傾向が見られ，音楽に合わせて体を動かすことが大好きです。様々な要素に感覚的に反応できるよう，体を動かす活動を通してリズム，強弱，速度，変化など音楽を形づくっている要素を聴く力が育つように指導を工夫しましょう。

　例えば，音楽に合わせて歩く活動では，一定の拍を意識させた上で，リズム（長い音が続くリズム，細かいリズム），強弱（大きい音，小さい音，だんだん大きく，だんだん小さく），様々な速度とその変化，止まる，はじまる，などの様々な音楽表現を鍵盤楽器や打楽器で提示し，その音や音楽をよく聴いて体の動きで表現する活動が考えられます。常時活動として継続的に行なっていきましょう。児童は，感性を働かせて「音や音楽」を聴くようになります。

　その際，「どんなことを想像したかな」，「音楽のどこからそう感じたの？」と問いかけてみましょう。「大空をゆったり散歩しているような感じ」，「それはね。（せんりつが）ターアー，ターアー，ターアー，アー，ってなっているからかな」。

　言葉はこなれていませんが，児童がよさや面白さ，美しさを感じ取ることと，音楽的な特徴を聴き取ることとの関わりについて自ら考えている姿です。このような資質・能力の育成は，表現及び鑑賞の学習において共通に必要となる〔共通事項〕アに当たります。

② よく聴く習慣の育成

　「はいはい，静かに。席について」。ざわついた教室に，教師の大きな声が響くことが常態化していると，音や音楽に対するデリカシーもなくなっていきます。教師や児童の発言も含めて，よく聴く習慣を育成することは必要です。そのためには，相手を見てうなずいたりよかったことを伝えたりするなどの対話を促すことです。「自分の話や音楽表現を聴いてくれた」ことが「相手の話や音楽を聴くこと」につながります。

　活動の指示では，ミュージックサインを活用しましょう。集まる，輪になる，グループになる，席に戻る，立つ，座るなどの活動です。ミュージックサインとは「むすんでひらいて（4小節）」が鳴ったら席に戻る，「ドーレミファソラシド」が鳴ったら立つ，といった合図です。

　ところで，「聴く力」「聴く習慣」は，一朝一夕に身に付くものではありません。できないことを注意することよりも，できたことをほめるのが優先です。「音楽をよく聴いて動いたり止まったりすることが，前の時間よりもよくできていたよ。先生嬉しいな」，「ミュージックサインが終わるまでに，ちゃんと席につくことができたね。立派だよ」といった声かけです。

　一方，課題が見られた児童も，教師の言葉かけや周りの児童の態度から，自分もそうしなくてはと自己を調整できるように促すとともに，自己調整した姿を教師が肯定的に評価しましょう。このようなことを継続的に積み重ねることで「聴く力」が着実に育っていきます。　（津田 正之）

童謡／わらべうた／英語のうた

33 色々な童謡で 音楽の思い出を残しましょう

💬 授業の特徴 　気に入ったことを一言書くことを重ねることで，楽しく歌った歌を，思い出に残していくページです。

📄 ワークシートで 身に付く主な力 　・曲想と歌詞の表す情景や気持ちとの関わりについて気付く力【知】

🎓 学習指導要領 　A表現（1）歌唱ア，[イ]，ウ(イ)，〔共通事項〕(1)[ア]
🌸 要素 　音色，旋律など

1 学習の流れ

① 愛唱歌を増やすように楽しく童謡を歌います。 ▶ **②** 歌った後，何人かが気に入ったことを発言します。 ▶ **③** お友達の発言も参考にしながら，気に入ったことをメモします。 ▶ **④** 継続的に行います。

2 準備

計画：教科書や歌集に掲載されている季節の歌や童謡の中から，子供たちの愛唱歌にしたい歌を選び，1年間でいつ扱うかを計画します。ワークシートの曲は例示です。学校，学級に応じてアレンジしてください。

3 学びやすい授業づくりのポイント

①教師が歌を覚えて，児童を見ながら歌えるようにしましょう。

②歌詞に加えて，イラストやペープサートなどの視覚的な教材も組み合わせると，イメージがわきやすく楽しく歌えます。

③「この季節にみんなで歌った」と思い出すような，季節の情景や行事と関わらせて選曲するとよいでしょう。

④そんなに大きな声にならなくても，少し音程が外れても，楽しく歌うことが大切です。

⑤ワークシートには月／日を1回ずつ書くようにしてありますが，短い歌ばかりですから，繰り返して歌うことで愛唱歌が増えます。その際に，「○○が気に入った，という感想があった歌です」などと記入したことを取り上げ，よさを共有するとよいと思います。

（酒井 美恵子）

いろいろなどうようで おんがくのおもいでをのこしましょう

ねん　　くみ　なまえ _____

つき／ひ	きょくめい	きにいったこと
／	おつかいありさん	
／	ちゅうりっぷ	
／	ちょうちょう	
／	ぞうさん	
／	めだかのがっこう	
／	ことりの　うた	
／	やぎさん　ゆうびん	
／	こぶたぬきつねこ	
／	こいのぼり	
／	いぬのおまわりさん	
／	ばすごっこ	
／	たなばたさま	
／	おしょうがつ	
／	うれしい　ひなまつり	

34 「Twinkle, Twinkle, Little Star」（きらきらぼし）を体を動かしながら，英語で歌いましょう

授業の特徴 「きらきらぼし」と「Twinkle,Twinkle,Little Star」を日本語，英語の両方で楽しく歌います。体を動かしながら，実感を伴ってＡ－Ｂ－Ａの旋律やリズムの反復など音楽の構造に気付きます。

ワークシートで身に付く主な力
・曲想と音楽の構造との関わりに気付く力【知】
・日本語や英語で暗唱する力【技】
・どのような体の動きで表現するかを考える力【思判表】

学習指導要領 Ａ表現 (1) 歌唱ア，イ，ウ(ア)，〔共通事項〕(1)ア

要素 リズム，フレーズ，反復，変化

1 学習の流れ

❶「きらきらぼし」を復習で歌い，英語を聴きながら，ＡＢＡの構造に気付きます。

❷ この歌のもつリズムパターン（♩♩♩♩｜♩♩♩♪）で英語をリズム読みしてから歌えるようにします。

❸ 英語で歌いながら手を打ったり手合わせしたりして，この歌のもつリズムパターン（♩♩♩♩｜♩♩♩♪）のよさを味わいます。

❹ 歌詞を踏まえてＢの動きをグループで考え，Ａ－Ｂ－Ａの全体を，体を動かしながら歌います。

2 準備

体験：「きらきらぼし」を日本語で歌う体験をしておきます。

教材：必要に応じて英語のCDやWEBの映像を用意します。

　　　ワークシートを配布して使用する場合，学習活動に応じて**1**の表の2段目と3段目のイラストは消して使用してください。

3 学びやすい授業づくりのポイント

①復習として日本語で「きらきらぼし」を歌うと，英語で歌いやすくなります。

②**ワークシート1**を見ながら「Twinkle Twinkle Little Star」を英語で聴き，Ａ－Ｂ－Ａの構造に気付きます。（歌詞のキーワードに合わせてＡを「小さな星の部分」，Ｂを「空の部分」としています。）次に，この歌のもつリズムパターン（♩♩♩♩｜♩♩♩♪）で，歌詞をリズム読みし，児童がまねをします。そして，教師の範唱を聴き，歌えるようにします。必要に応じてCDやWEBの映像を活用しましょう。

③**ワークシート2**はＡの部分の「Twinkle twinkle little star」，「How I wonder what you are」です。リズムパターン（♩♩♩♩｜♩♩♩♪）を実感できるよう，小さな☆は自分で，大きな☆はお友達と手を合わせて歌います。2人組や数名のグループで，大きな☆のところをどのように手を合わせるかを考えるのも面白い活動です。小さな星らしく小さく打ったり，空をイメージして高いところで打ったりと，工夫が生まれそうです。

④**ワークシート2**の活動を十分楽しんでから，Ｂの部分の歌詞に合った動きをグループで考え，発表会で互いの工夫を楽しみます。見るときに一緒に歌うと一体感が出ますね。　　（伊藤 仁美）

英語のうた童謡 わらべうた 1年

「Twinkle, Twinkle, Little Star」（きらきらぼし）
をからだをうごかしながら、えいごでうたいましょう

ねん　　くみ　なまえ

1　①小さなほしのところ 🌟 と、おなじかしで、おなじせんりつのところ
があります。それは　どこでしょう。
②えいごで、かしを　いいましょう。
③えいごで、うたいましょう。

Twinkle, twinkle, little star,　（キラキラひかる小さなほしよ） かがやく　　　　ちいさな ほし How I wonder what you are.（あなたはいったいだあれ）	🌟
Up above the world so high,　（はるかとおくのそらたかく） Like a diamond in the sky.　（ダイヤモンドみたいにひかってる） 　　　　　　そら	⭐
Twinkle, twinkle, little star,　（キラキラひかる小さなほしよ） How I wonder what you are.（あなたはいったいだあれ）	🌟

2　①小さなほしのところ 🌟 では、えいごで歌いながら、小さな☆で手を
うち、大きな☆で　ともだちと手をあわせましょう。

Twinkle,	twinkle,	little	star
☆　☆	☆　☆	☆　☆	☆
How I	wonder	what you	are
☆　☆	☆　☆	☆　☆	☆

②そらのところ ⬛ では、かしにあう　うごきを、かんがえましょう。

メモ

3　3つのぶぶんをつなげて、えいごでうたいながら、手をうったり　かんが
えたうごきをしたりして、たのしみましょう。

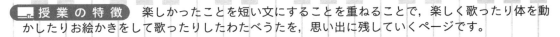

35 わらべうたで 音楽の思い出を残しましょう

授業の特徴 楽しかったことを短い文にすることを重ねることで，楽しく歌ったり体を動かしたりお絵かきをして歌ったりしたわたべうたを，思い出に残していくページです。

ワークシートで 身に付く主な力 ・曲想と歌詞の表す情景や気持ちとの関わりに気付く力【知】

学習指導要領 A表現（1）歌唱ア，イ，ウ（ア），〔共通事項〕（1）ア

要素 音色，旋律など

1 学習の流れ

❶ 愛唱歌を増やすように楽しくわらべたを歌います。 ▶ ❷ 歌った後，何人かが楽しかったことを発言します。 ▶ ❸ お友達の発言も参考にしながら，楽しかったことをメモします。 ▶ ❹ 継続的に行います。

2 準備

計画：教科書や歌集に掲載されているわらべうたの中から，児童の愛唱歌にしたい歌を選び，1年間でいつ扱うかを計画します。**ワークシート**の曲は例示です。学校，学級に応じてアレンジしてください。2つほど空欄になっているところは，地元のわらべうたを入れてはいかがでしょうか。

3 学びやすい授業づくりのポイント

①教師が歌ったり体を動かしたりできるようにしておきます。映像も分かりやすいのですが，口伝えの伝承という特徴をふまえ，授業では生の声と動きで歌ったり遊んだりしましょう。
②歌や動きを知っている児童がいたら，教師とその児童がお手本を示すとよいと思います。

4 このような学習に発展！──サイレント・シンギングで拍を感じる力をアップ

1）「十五夜さんのもちつき」で歌いながら手遊びができるようになったら，心の中で歌いながら遊びます。自分とお友達の動きを感じて拍の流れにのる力がつきます。さらに，臼の役割をしている手の上にタンバリンをのせて，速度や叩き方を変化させて楽しみます。

2）「おちゃらか」で歌いながら手遊びができるようになったら，心の中で歌いながら遊びます。2拍子の既習曲（例アンダソン作曲「シンコペーテッド・クロック」，チャイコフスキー作曲「くるみ割り人形」から「行進曲」など）に合わせて「おちゃらか　ほい」をします。出だしのタイミングは2人が心を合わせて。「勝った」「負けた」「あいこ」のポーズを美しくキメると，まるでダンスのようになります。

（酒井 美恵子）

参考文献
・酒井美恵子「低学年のリズムネタ」『教育音楽 小学版 2016年6月号』音楽之友社

英語のうた

わらべうた

童謡

2年

わらべうたで 音楽の思い出をのこしましょう

ねん　くみ　なまえ _____

つき／ひ	きょくめい	楽しかったこと
／	おちゃらか　ほい	
／	なべなべ	
／	さんちゃんが	
／	おおなみ　こなみ	
／	ずいずいずっころばし	
／	あんたがたどこさ	
／	十五夜さんのもちつき	
／		
／		

36 リズムにのって，手拍子や替えうたづくりを 楽しみましょう──「BINGO」アメリカ民謡

授業の特徴 リズミカルなアメリカ民謡「BINGO」に合わせて，手を打ったり体の様々な箇所をタップしたりして歌うことを楽しみます。「BINGO」以外のアルファベットを使って替えうたをつくり，曲想の変化を楽しみます。

ワークシートで身に付く主な力
・曲想と歌詞やリズムとの関わりに気付く力【知】
・曲想を感じ取って替えうたを工夫する力【思判表】

学習指導要領 A表現 (1) 歌唱ア，イ，ウ(イ)，〔共通事項〕(1)ア

要素 リズム，フレーズ

1 学習の流れ

❶ リズムにのって「BINGO」のところを手拍子しながら歌います。

❷ 「BINGO」のところで，足踏みや体の様々な箇所をタップして歌います。

❸ [BINGO] の箇所に，[PIANO] の文字を入れた替えうたを経験します。[HAPPY][JAPAN]では，オリジナルの替えうたづくりを楽しみます。

❹ ❸の活動に慣れたら，アルファベットの箇所で，手拍子や体をタップして替えうたを歌います。

2 準備

体験：① 「たんたん｜たたたん」のリズムを，拍にのって手を打つ体験をしておきます。

②教科書の「こいぬのビンゴ」を楽しく歌い，曲に親しんでおきます。

3 学びやすい授業づくりのポイント

①**ワークシート１**を使って「アルファベット文字を歌いながら手を打つ」を楽しみます。

②何度か歌いながら，手を打つ他に，頭，肩，背中，ひざなどをタップしたり，ペアになって手合わせをしたり，足踏み（ストンプ）等でリズムを刻んでみましょう。**ワークシート２**では，試したところを○で囲みます。

③**ワークシート３**では，替えうたづくりを通して違うアルファベット文字を入れると様々な言葉になることの面白さに触れていきます。まず，例示した「たのしいおとが　たくさんでるよ　PIANO　PIANO　PIANOはたのしいな」を歌ったり，**２**のように色々なところをタップしたりしましょう。

④「HAPPY」の替えうたをみんなでつくったら，**ワークシート４**で，みんなで考えた替えうたのアルファベットに合わせて歌ったり，**２**のように色々なところにタップしたりして，楽しんだところを○で囲みます（「HAPPY」の例「いちくみえがお　まいにちハッピー　HAPPY　HAPPY　HAPPYはこのクラス！」）。

(伊藤 仁美)

英語のうた
わらべうた
童謡

2年

リズムにのって、てびょうしやかえうたづくりを
たのしみましょう──「BINGO」アメリカみんよう

<u>　ねん　　くみ　　なまえ　　　　　　　　　　　　　　</u>

1 アルファベットに合わせて、歌いながら手をうちましょう。

B	I	N G	O

2 「BINGO」を、くりかえし歌います。歌いながら、いろいろなところをタップしてみましょう。ためしたところを〇でかこみましょう。

> あたま　　かた　　せなか　　ひざ　　おともだちと手あわせ　　足ぶみ

3 ちがうアルファベットを入れて「かえうた」をつくりましょう。

れい：「PIANO」　たのしいおとが　たくさんでるよ

PIANO　PIANO　PIANOは

きれいだな

HAPPY のかえうたをつくってみましょう

HAPPY HAPPY　HAPPYは

				（うん）

4 みんなで考えた「HAPPY」を、くりかえし歌います。歌いながら、いろいろなところをタップしてみましょう。楽しんだところを〇でかこみましょう。

> あたま　　かた　　せなか　　ひざ　　おともだちと手あわせ　　足ぶみ

コラム
音楽科の学習評価

　音楽科の学習評価は，各題材において「知識・技能」「思考・判断・表現」「主体的に学習に取り組む態度」の三観点について，題材の目標及び取り扱う内容をもとに評価規準を立て，その規準に照らして児童の学習状況を評価します。ここでは，学習指導計画を立てる際に必須となる評価規準の設定の仕方について，具体例をもとに説明します。

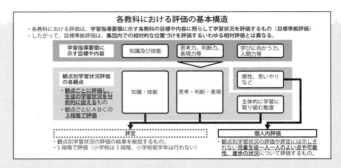

出典：国立教育政策研究所『児童生徒の学習評価のあり方について（報告）』
　　　（2018.1）6頁

〇題材「曲の特徴を感じ取って歌おう」（第4学年）　内容：A表現(1)歌唱ア，イ，ウ(イ)，〔共通事項〕(1)ア
〇題材の目標　※(1)「知識及び技能」，(2)「思考力，判断力，表現力等」，(3)「学びに向かう力，人間性等」に対応

(1)「とんび」の曲想と音楽の構造，曲想と歌詞の表す内容との関わりについて気付くとともに，思いや意図に合った音楽表現をするために必要な，自然で無理のない歌い方で歌う技能を身に付ける。

(2)「とんび」の旋律，フレーズ，反復，変化，呼びかけとこたえを聴き取り，それらの働きが生み出すよさや面白さ，美しさを感じ取りながら，聴き取ったことと感じ取ったこととの関わりについて考え，曲の特徴を捉えた表現を工夫し，どのように歌うのかについて思いや意図をもつ。

(3)曲の特徴を捉えて表現する学習に興味をもち，音楽活動を楽しみながら主体的・協働的に歌唱の学習活動に取り組み，日本のうたに親しむ。

〇評価規準　※〔　〕は評価の観点の略記例

知識・技能	思考・判断・表現	主体的に学習に取り組む態度
〔知〕「とんび」の曲想と音楽の構造，曲想と歌詞の表す内容との関わりについて気付いている。 〔技〕思いや意図に合った音楽表現をするために必要な，自然で無理のない歌い方で歌う技能を身に付けて歌っている。	〔思〕「とんび」の旋律，フレーズ，反復，変化，呼びかけとこたえなどを聴き取り，それらの働きが生み出すよさや面白さ，美しさを感じ取りながら，聴き取ったことと感じ取ったこととの関わりについて考え，曲の特徴を捉えた表現を工夫し，どのように歌うのかについて思いや意図をもっている。	〔態〕「とんび」の曲の特徴を捉えて表現する学習に興味をもち，音楽活動を楽しみながら主体的・協働的に歌唱の学習活動に取り組んでいる。

　評価規準は，題材の目標と同じような表記になりますが，目標の表記との違いは評価の観点の文末等の下線部です。「学習状況を見取る」という趣旨から「気付いている」「歌っている」「もっている」「取り組んでいる」となります。一方，目標(3)の波線部にある「日本のうたに親しむ」ことは，評価規準に照らして全員の学習状況を把握するというよりも，個人内評価として個々の子供の成長を評価することに馴染むものであるため，評価規準には示していません。なお，ここでは評価規準の設定の仕方について述べましたが，評価方法等も含めて，国立教育政策研究所（2020）『「指導と評価の一体化」のための学習評価に関する参考資料』をよく読んで理解を深めてください。

（津田　正之）

まとめ

音がくのじかんのふりかえり

<u>ねん　くみ　なまえ</u>

1 音がくのじかんでうたったうたで、こころにのこっているうた
はなんですか。きょく名とりゆうをかきましょう。

きょく名「　　　　　　　　　　　　　　　　　　　　　　　」

> りゆう

2 けんばんハーモニカでふいた音がくのなかで、こころにのこっ
ている音がくはなんですか。きょく名とりゆうをかきましょう。

きょく名「　　　　　　　　　　　　　　　　　　　　　　　」

> りゆう

3 いろいろな音をみつけたり、音を出したり、音がくをつくったりした中で、こころにのこっていることをかきましょう。

（解答欄）

4 音がくのじかんにきいた音がくで、こころにのこっている音がくはなんですか。きょく名とりゆうをかきましょう。

きょく名「　　　　　　　　　　　　　　　　　　」

りゆう

（解答欄）

5 2年生の音がくで、たのしみなことをかきましょう。

（解答欄）

音がくあそび

ねん　くみ　なまえ
_____

リズムあそび

1 つぎのリズムをとなえたり、手でうったりしましょう。

2 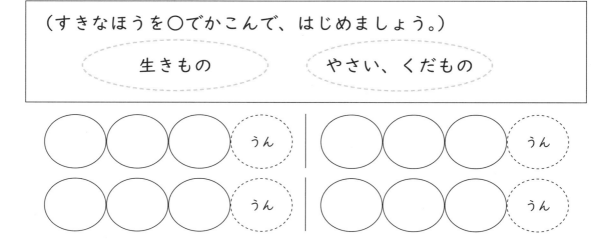 のリズムにあう３文字のことば

を見つけてかきましょう。　※欄は４つありますが、全部使わなくて OK です

（すきなほうを〇でかこんで、はじめましょう。）

生きもの　　　やさい、くだもの

つないでたのしみましょう！

　見つけた３文字のことばから、お気に入りをひとつえらび、みんなでたのしく、じゅんばんにとなえましょう。

せんりつクイズ

これからきく音がくが、どちらの音がくかをかんがえて、あっているとおもうきょく名を○でかこみましょう。

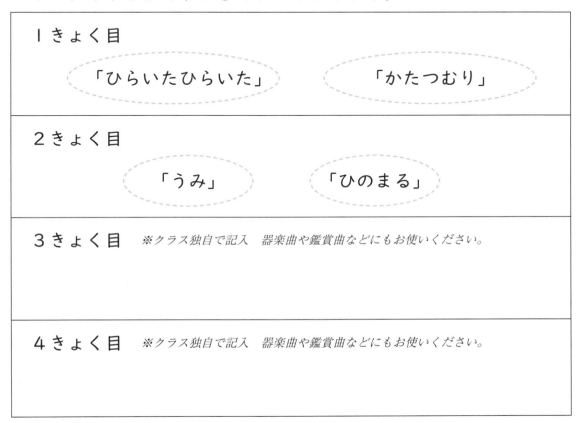

１きょく目　　　「ひらいたひらいた」　　　　　「かたつむり」
２きょく目　　　　「うみ」　　　　　「ひのまる」
３きょく目　※クラス独自で記入　器楽曲や鑑賞曲などにもお使いください。
４きょく目　※クラス独自で記入　器楽曲や鑑賞曲などにもお使いください。

たのしみましょう！

せんりつクイズできいた音がくの中から、うたったり、えんそうしたり、あじわってきいたりしましょう。

音楽の時間のふりかえり

<u>ねん　　くみ　なまえ</u>

1　音楽の時間に歌ったうたで、心にのこっているうたは何ですか。
　　きょく名と理ゆうを書きましょう。

きょく名「　　　　　　　　　　　　　　　　　　　　　　　　」

理ゆう

2　けんばんハーモニカなどの楽っきでえんそうした音楽の中で、
　　心にのこっている音楽は何ですか。きょく名と理ゆうを書きまし
　　ょう。

きょく名「　　　　　　　　　　　　　　　　　　　　　　　　」

理ゆう

3 いろいろな音をみつけたり、音を出したり、音楽をつくったりした中で、心にのこっていることを書きましょう。

---

4 音楽の時間に聞いた音楽で、心にのこっている音楽は何ですか。きょく名と理ゆうを書きましょう。

きょく名「　　　　　　　　　　　　　　　　　　　　」

理ゆう

---

5 3年生の音楽で、楽しみなことを書きましょう。

音楽あそび

ねん　くみ　なまえ
_____

リズムあそび

1 つぎのリズムをとなえたり、手でうったりしましょう。

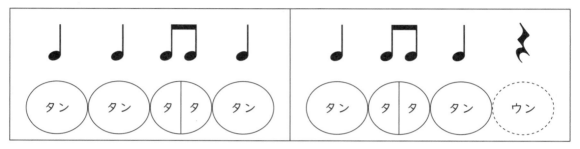

2 上のリズムはひとつのはこの中に、何はく入っていますか。

はく

3 を組み合わせて、4はくのリズムをつくりましょう。

つないで楽しみましょう！

　つくった4はくのリズムを、みんなでじゅん番にうってつなげて楽しみましょう。はやくしたり、ゆっくりしたり、強くしたり、弱くしたり、いろいろためして楽しみましょう。

せんりつクイズ

　これからきく音楽が、どちらの音楽かを考えて、合っていると思うきょく名を〇でかこみましょう。

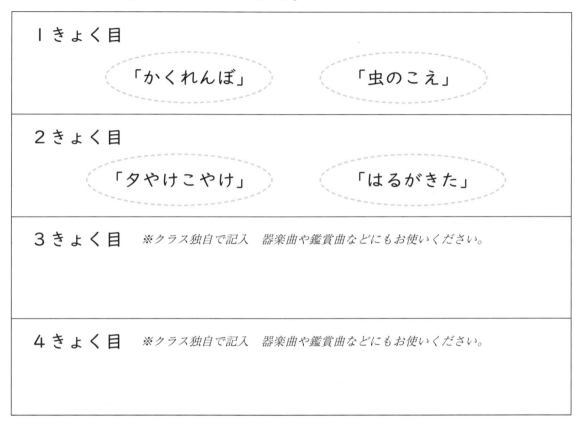

1きょく目 　「かくれんぼ」　　　「虫のこえ」
2きょく目 　「夕やけこやけ」　　　「はるがきた」
3きょく目　※クラス独自で記入　器楽曲や鑑賞曲などにもお使いください。
4きょく目　※クラス独自で記入　器楽曲や鑑賞曲などにもお使いください。

楽しみましょう！

　せんりつクイズできいた音楽の中から、歌ったり、えんそうしたり、あじわってきいたりしましょう。

【編著者紹介】

津田　正之（つだ　まさゆき）
北海道の公立小学校教諭，琉球大学准教授，文部科学省教科調査官等を経て現在，国立音楽大学教授。博士（音楽）。小学校学習指導要領解説音楽編の編集に当たる。

酒井美恵子（さかい　みえこ）
国立音楽大学ピアノ専攻卒業。東京都の音楽科教諭及び指導主事を経て現在，国立音楽大学教授。小中学校の音楽授業に役立つ著書多数。

【執筆者一覧】

津田　正之（国立音楽大学）

酒井美恵子（国立音楽大学）

伊藤　仁美（国立音楽大学）

森　　　薫（埼玉大学）

城　　佳世（九州女子大学）

小畑　千尋（宮城教育大学）

森尻　有貴（東京学芸大学）

味府　美香（東京成徳大学）

学びがグーンと充実する！
小学校音楽　授業プラン＆ワークシート　低学年

2020年5月初版第1刷刊　Ⓒ編著者　津　田　正　之
2024年1月初版第5刷刊　　　　　　　酒　井　美　恵　子
　　　　　　　　　　発行者　藤　原　光　政
　　　　　　　　　　発行所　明治図書出版株式会社
　　　　　　　　　　　　　　http://www.meijitosho.co.jp
　　　　　　　　　　　　　　（企画）木村　悠（校正）奥野仁美
　　　　　　　　　　〒114-0023　東京都北区滝野川7-46-1
　　　　　　　　　　振替00160-5-151318　電話03(5907)6703
　　　　　　　　　　　　　　ご注文窓口　電話03(5907)6668

＊検印省略　　　　　　組版所　長野印刷商工株式会社

本書の無断コピーは，著作権・出版権にふれます。ご注意ください。
教材部分は，学校の授業過程での使用に限り，複製することができます。

Printed in Japan　　　　　　　　　ISBN978-4-18-351417-2
JASRAC 出 2000269-305
もれなくクーポンがもらえる！読者アンケートはこちらから